Volker Schoßwald

Der singende Zimmermann

Bob Dylan in der Tradition
der Weisheitsdichter

Schwabach, 2022

Der Zimmermann zieht durch die Welt.

TWENTYSIX
Eine Marke der Books on Demand GmbH
© 2022 Schoßwald, Volker
Herstellung und Verlag: BoD – Books on Demand, Norderstedt
ISBN: 9783740784225

1	Vorbemerkungen	5
2	Laß die Phantasie schweifen	7
2.1	Wer bist du?..	7
2.2	Robert Zimmermann und die Weisheit	9
2.3	Die „Weisheit"..	10
3	Erinnerung der Dylan-Generation	12
3.1	Original oder Kopie?	14
4	Weisheit in konkreten Songs	18
4.1	„Blowin in the Wind": eine endlose Reihung von endlosen Reihen........	18
4.1.1	Religiöser Einschub: Blowin' in the Wind	21
4.1.2	Blowin' in the Wind und I have a dream	22
4.1.3	„Murder most foul"..	23
4.1.4	Der Berg und der Weg..	23
4.2	„My Back Pages": Ich war soviel älter damals...	25
4.3	„Long time gone": Weiser Mann oder Prophet?	29
4.4	"Masters of war": Geld und Seele.......................................	31
4.5	A Hard Rain's Agonna Fall: Die Welle brüllt	35
4.6	"Don't think twice...":Herz oder Seele...	36
4.7	Love is just a Four Letter Word: Ich denke nur mit meinen Maßstäben..	37
4.8	"Love minus zero": no success like failure............................	39
4.9	Maggie's Farm..	40
4.10	The Mighty Quinn: Ich will wie die andern sein	41
4.10.1	Religiöser Einschub: The Mighty Quinn	42
4.11	Like a Rolling Stone: Du solltest nicht andere Leute deine Tritte für dich einstecken lassen...	44
4.11.1	Religiöser Einschub: Like a Rolling Stone	46
4.12	Highway 61 revisited: Böse Spiele ungestraft	47
4.13	Motorpsycho Nightmare: Der verlogene „anständige" Farmer..........	48
4.14	Just like a Woman: Frau oder kleines Mädchen?.......................	50
4.15	Die Zeiten ändern sich: Der Erste wird der Letzte sein	51
4.15.1	Religiöser Einschub: The times are achangin'	55
4.16	One too many mornings: Zwei Perspektiven	57
4.17	With god on our side: Böses und Rechtfertigung	58
4.17.1	Religiöser Einschub: with god on our side..............................	60
4.18	Father of Night: Ordnung	61
4.19	Forever young: Nehmen und Geben	62
4.20	Ring them bells: Richtig und falsch	65
4.20.1	Exkurs: God is one..	68
4.21	„Love and Theft": Feuertaufe 11.9.2001	70
5	Die Weisheit und die Weisheiten....	73
6	On Stage	75
6.1.1	War ich in einem anderen Konzert?.....................................	76
7	Nachwort	77
8	Anhang: „Freedom's just another word for nothing left to loose"78	
	„Auf offener See" – „Die Seefahrer"...................................	78

3

4

1 Vorbemerkungen

Noch ein Dylanbuch?

Noch ein Dylanbuch? Warum?

Um Dylan noch einmal ein wenig anders zu hören, anderes in seinen Lieder zu entdecken oder alte Entdeckungen aufleben zu lassen.

Als Dylan den Literaturnobelpreis bekam, wurde seine sprachliche Kraft gewürdigt. Bei Konzerten erkannte ich oft die Texte seiner Lieder nicht wieder, obwohl ich sie ziemlich auswendig kannte. Aber ich spürte den Rhythmus seiner Sprache: genial. Als wir in der Schulzeit griechische Versmaße erkennen mussten, irritierte mich das Fehlen von Reimen und unser Lehrer ließ uns stattdessen den Rhythmus fühlen. Bei Dylan erlebte ich beides: einen akzentuierten Rhythmus, der nicht zwangsläufig an das Abzählen von Silben gebunden war wie auch Reime.[1]

In diesem Buch gehe ich der literarischen Qualität in Dylans Liedern / Gedichten nach. So kann man seine Darbietung noch mehr genießen.

Ich wäre gerne ein Rockstar wie Elvis! So ging es schon Robert Allen Zimmermann wie John Winston Lennon. Aber ich liebe auch die surreale Tiefe der Sprache, die Dylan präsentiert. Bei meinen dadaistischen Anwandlungen verstehe ich die sprachverformende Kraft Lennons. Dylan war nie Dadaist, wenn man mal von „Selfportrait" als Gesamtwerk absieht. Dylan ist ein größerer Dichter als Musiker, aber das ist eine Wertung innerhalb seines Opus, denn seine Dichtung verdichtet sich in der Rhythmik der Musik. Die Musik bringt die Sprache zum Klingen. Das ist der entscheidende Punkt. Bei Dylan sind beide aufeinander angewiesen – was bei seinen lyrischen Ergüssen wie die „Epitaphs" zu erkennen ist. Nicht umsonst redet man von „Sprachmelodie". Dylan setzt sie um. Und wer jemals versucht hat, Lieder von Dylan nachzusingen, merkt, wie wichtig es ist, bestimmte Silben zu betonen. Du musst genau wissen, welche Silbe betont wird, damit du im Tempo bleibst. Das artikuliert er fast beiläufig bereits in einem seiner ersten Meisterwerke „A hard rain's agonna fall": „But I know my song well, before I start singing". Dieser Satz sagt nur dem etwas, der versucht hat, analoge Songs zu singen.

---

[1] Im deutschsprachigen Raum verteilt Udo Lindenberg ebenso souverän Texte auf Rhythmen – stimmig, aber so dezidiert, dass es nicht einfach nachzusingen ist.

5

Ein Dylanbuch mit spirituellem Hintergrund

Wer nur Infos über Bob Dylan möchte, kann sich bei Wikipedia bedienen. Wer zu jedem Song etwas lesen möchte, greife auf Benzinger zurück. Wer etwas Authentisches lesen möchte, bei dem immer wieder unsicher ist, wie weit der Autor sich an der Historie orientiert, der ist mit „Chronicles" von Bob Dylan gut bedient. Wer nach dem Volume One verzweifelt das Volume Two sucht: das schlummert noch in Dylans Schädel und diversen Schubladen.

Jeder Autor kommt mit seinem Hintergrund. Ich bin ein gesellschaftlich interessierter Theologe, der aktiv Rockmusik macht. Zudem schreibe ich gerne und habe einen entsprechenden Zugang zu Texten. Da ich es bevorzuge, englische Texte im Original zu lesen, bemerke ich auch manche Nuancen, die durch Übersetzungen verloren gehen (müssen).

In meiner Ausbildung ging es immer wieder um Literatur. Schließlich ist die ganze Bibel eine Literatursammlung. Dabei stieß ich auf eine besondere Gattung: die Weisheitsliteratur. Diese ist nicht speziell jüdisch oder christlich, sie findet sich in verschiedenen Kulturen und Religionen im Nahen Osten.

Bei Dylan fand ich oft genug Sätze oder Satzreihen, die den biblischen Literatur entsprachen. Das wollte ich genauer anschauen und habe es mit diesem Buch getan.

Ich wollte..., aber...

Ich wollte ein Buch über Bob Dylan in der literarischen Kategorie „Weisheit" schreiben. Es gelang nicht. Trotzdem blieb ich weiter bei dem Buch, weil bei dem Versuch, die weisheitlichen Stilmittel Dylans zu finden, sich soviele weitere faszinierende Entdeckungen und Erkenntnisse einstellten, dass ich mir dachte: Das lohnt sich allemal.

Die Studien ergaben: : Er hat sich eben den Literaturnobelpreis redlich verdient, auch wenn er ihn nicht anstrebte.

Englisch als Hindernis

Aus deutscher Sicht ist Dylan ein problematischer Künstler. Seine Lieder sind sehr wortlastig, Schulenglisch reicht nicht, Anspielungen sind oft schwer verständlich. Gute Melodien transportieren seine Lieder und daher sind die Cover-Versionen oft die erfolgreicheren. Aber manchmal denkt man sich: Das will ich jetzt verstehen! Dem gehen wir hier ein bisschen nach.

2 Laß die Phantasie schweifen

Man stelle sich vor: Yeshua ben Yussuf geht auf einen Hügel bei Kapernaum, setzt sich unter einen Olivenbaum, greift zu seiner Gitarre und sing ein Lied über die Boote, die über den See fahren,

über die Wolken, die ziehen,

über die Wellen im Wind,

über die Fische in Netzen,

über die Sonne, im Wasser gespiegelt:

„Das Leben, mein Kind, ist wie ein Boot auf dem See... das Leben ist wie ein Boot..."

Yeshua ben Yussuf kennen wir als Jesus von Nazareth, Josephs Sohn.

Man stelle sich vor: David ben Isai stellt sich auf den Gipfel des Zion, greift nach seiner Harfe und stimmt einen Psalm an,

über die Berge, die vor seinen Augen liegen,

über die Felsen, die alle Menschen überdauern,

über die Bäume, deren Blätter im Wind singen,

über die Schafe, die unter ihm weiden,

über das Lamm, das der Hirte auf seine Arme nimmt,

„Das Leben, mein Kind, ist wie der gewundene Weg durch die Berge... das Leben gleicht dem unbekannten Pfad."

David ben Isai kennen wir als König David von Jerusalem.

Man stelle sich vor, Shabtai Zisel ben Avraham beträte eine Kneipe an der Ostküste der neuen Welt, setzte sich auf einen Hocker, nähme seine Gitarre und stimmte ein Lied an, über die Berge, die die Witterung erst in unendlichen Zeitspannen einebnet,

über die Wege, die eine Taube segelt, bevor sie den Strand erreicht,

über die Ohren, die ein Mann braucht, um Weinen zu hören,

über die Wege, die ein Mann braucht, um zum Mann zu werden,

über die Augen, die ein Mann wegdreht, um das Unrecht nicht zu sehen,

über die Kanonenkugel, die immer wieder fliegt, bevor der Frieden sie bannt...

„Die Antwort, mein Freund, wird in den Wind geblasen, die Antwort weht mit dem Wind..."

Wer ist Shabtai Zisel ben Avraham? In seinen Dokumenten stand Robert Allan Zimmermann, die Welt kennt ihn als Bob Dylan.

2.1 Wer bist du?

„Wer bist du?" wurde Jesus gefragt und sollte sich offenbaren. Die versteckte Frage war: Bist du der Messias? Bist du der Menschensohn? Bist du Elias, der wiederkommt?

Jesus, David und Shabtai Zisel, bürgerlich Robert Zimmermann, populär Bob Dylan. Was verbindet sie?

„Wer bist du, Bob?" Für manche seiner Fans war Dylan ein Messias, wie Jesus und David in jeweils unterschiedlicher Form. Aber das wollte er nicht sein. Er wollte sich nicht kreuzigen lassen und er wollte nicht eine Verantwortung, die er nicht tragen könnte.

Alle drei sind „Söhne Abrahams", Dylan sogar im doppelten Sinn, da sein leiblicher Vater Abraham hieß. Alle drei sind aus dem Stamme Juda. Zwischen David und Jesus liegen tausend, zwischen David und Dylan gar dreitausend Jahre. Aber sie sind „verwandt".

Lassen wir beiseite, was wir historisch über den König David wissen. Vieles ist nur legendär und noch mehr wurde ihm als einer populären Persönlichkeit zugeschrieben. Wer die biblischen Geschichten liest, kann sich nur schaudernd abwenden von diesem hinterlistigen Mann, dem Menschenleben nichts bedeuteten; für Heldenverehrung bietet er uns Zeitgenossen nichts mehr. Rechnen wir das nicht der historischen Figur zu, sondern seiner Kultur. Schauen wir mit der kulturellen Perspektive auf „Davids" Psalm 23 „Der Herr ist mein Hirte". Der passt durchaus zu Jesus und der Geschichte vom „verlorenen Schaf".

In unserem Kontext, in dem es um Inhalte und nicht um Musik geht, können wir zu Davids Sohn Salomo schauen. Auch hier gilt: Wir orientieren uns nicht an der historischen Figur, sondern an dem, was die biblischen Schriften darstellen. Salomo gilt als Friedensherrscher, was ungefähr so belastbar ist wie der Friedensnobelpreis für Barak Obama. Salomo gilt auch als der „Weise". Etwa das berühmte „Salomonische Urteil", das noch den Bibelkenner Bert Brecht dazu stimulierte, seinen „Augsburger Kreidekreis" zu schreiben, den er später als „Kaukasischer Kreidekreis" ausbaute.[2]

Bei Salomo geht es immer wieder um „Weisheit", die sogar in einem biblischen Buch zusammengefasst wird. Auch bei Jesus finden wir etwa in der Bergpredigt weisheitliche Sprüche. Im zitierten „Blowin in the Wind" greift Dylan auf entsprechende Stilmittel zurück. Es lohnt sich für an Weisheit interessierte Menschen, das genauer zu betrachten.

---

[2] Die Geschichte „Der Kreidekreis" wird dem Chinesen Li Hsing-tao (13. Jahrhundert) zugeschrieben. Zentrale Figur ist der Richter Bao. Aufgegriffen wurde das Stück zur Zeit von Brecht von Klabund. Wir können davon ausgehen, dass der sehr bibelkundige Brecht die Geschichte von Salomo längst kannte, ehe er auf die in den 20er-Jahren populäre chinesische Variante stieß.

2.2 Robert Zimmermann und die Weisheit

Robert Zimmermanns Elternhaus hatte vielfältige kulturelle Wurzeln: Ukrainische, weil von dort her seine Vorfahren 1905 eingewandert waren. Dann auch türkische und kirgisische, sowie deutsche. Die Familie trägt den deutschen Namen Zimmermann. Verbunden war dies alles in der jüdischen Tradition. Er gab sich den Namen Dylan nach einem irischen Dichter, behielt den Namen Bob von Robert, den seine Eltern ihm gaben und trug kaum seinen hebräischen Namen Shabtai Zisel ben Avraham, den seine Eltern für ihn bestimmt hatten. Ben Abraham heißt Sohn Abrahams und gilt für alle Juden, die Beni Avram, Roberts Vater hieß tatsächlich Abraham, seine Mutter hingegen Beatrice, was ein romanischer Vorname ist.

Dylan ist nicht nur ein waschechter US-Amerikaner, sondern auch ein Mensch mit realen jüdischen Wurzeln. Freilich wären waschechte US-Amerikaner nur sog. Indianer, alle anderen sind, wenn man sie „wäscht", Immigranten und leben auf einer Scholle, die irgendwelche Einwanderer den Ureinwohnern, den Naives raubten. Die USA sind eine Community von Landräubern mit diversen Migrationshintergründen. Vielleicht haben sie gerade deshalb eine so verkrampfte nationale Identität, die nur eines gemeinsam hat: eine grundsätzliche Amoralität. Ikone der Amoralität ist sicherlich Senator McCarthy aus den 50ern, der in den frühen Songs von Dylan eine entsprechende Rolle spielte.

Einen ähnlichen multikulturellen, multinationalen Hintergrund wie Dylan skizzierte auch Chuck Berry in seiner Autobiography. Unter dessen Vorfahren finden sich diverse Europäer, auch eine deutsche Urgroßmutter. Freilich schaffte dies auch der Bush-Clan und selbst Barak Obama.

Die USA sind entgegen ihres narzisstisch-nationalen Bewusstseins multikulturell, wenn auch im synkretistischen Sinn. Dylan verkörpert dies durch seine Herkunft. Allerdings ist gerade bei den „Juden" der letzten 2000 Jahre dieses Phänomen grundlegend: religiös scheinen „Juden" eine Einheit zu bilden, aber de facto inkulturierten sie sich sehr häufig parallel zu ihrer sozialen Identität. Wir können diesem Phänomen hier nicht weiter nachgehen und schon gar nicht „bewerten". Wichtig ist in unserem Zusammenhang, dass bei aller Inkulturation immer auch ein Bewahren der Tradition stattfand. Bewahren über lange Zeiträume gelingt niemals als eigentliches Bewahren: Wo Formen unverändert tradiert werden, erstarren sie. Wo Inhalte der Gegenwart angepasst werden, verändern sie sich. Gelebte Tradition kann immer nur in der zweiten Weise stattfinden. Wenn das Tradierte zum Leben gehört, muss es zu den Lebensumständen passen.

Das ist nicht neu und findet sich auch in der Entwicklung der Bibel, die sich über etwa 1200 Jahre hinzog, wieder. Bei Bob Dylan nehmen wir eine spezielle biblischeTradition in den Blick: die Weisheit.

2.3 Die „Weisheit"

Dazu bedarf es einer Begriffsklärung. Die „Weisheit" ist eine Literaturgattung. Hier werden menschliche Erkenntnisse gesammelt. „Weisheit" bedeutet nicht „Offenbarung". Hier redet nicht Gott aus einer anderen Dimension, sondern hier wird Lebenserfahrung komprimiert weitergegeben.

Inzwischen gibt es „Weisheit" als Klosprüche. Freilich: Wer Klosprüche kennt, der weiß, dass sie manchmal gar nicht so schlecht sind. Am besten sind natürlich die, die einen irgendwie überraschen und bei denen man das Moment der Wahrheit spürt.

In der Bibel gibt es etliche Spruchsammlungen der „Weisheit". Sie zeichnen sich dadurch aus, dass es kurze Sequenzen sind, die zusammen gehören, keine Geschichte. Oft genug sind sie inhaltlich geordnet, aber sie stammen aus unterschiedlichen Kontexten. Es sind kurze Sentenzen, die eine Mutter ihrer Tochter weitergibt oder ein Vater seinem Sohn. Manchmal sagt es auch Großvater oder Großmutter zur versammelten Großfamilie. Letztlich handelt es sich eben um Lebensweisheiten, oft genug abgehangen durch lange und viele Erfahrungen. Andererseits passen sie immer wieder nur zu bestimmten Persönlichkeiten oder Lebensentwürfen. Die suggerierte Übertragbarkeit auf alle Menschen und alle Umstände erweist sich als nicht tragfähig.

Manche christlichen Exegeten der Bibel halten die „Weisheit" für einen Sündenfall, da sie stets auf allgemeine menschliche Erkenntnisse, die teilweise in fremden Religionen artikuliert wurden, zurückgreift. Mit dem Gott der Bibel, so meinen sie, kann nichts zu tun haben, was es in einer fremden, womöglich älteren Kultur gibt.

Auf dieser platten Ebene ist dies nicht diskussionswürdig. Aber für unseren Zusammenhang bedeutet es: Wo von „Weisheit" im menschlichen Sinne geredet wird, geht es nicht um das Spezifische einer Religion, sondern eine menschliche Erkenntnis, die sich aus reflektierter Erfahrung ergibt oder aber eine gute formulierte Erkenntnis, die nur Wunschdenken ist. Im Unterschied zu „Gott" lassen sich Erfahrungen überprüfen. Die Tragfähigkeit könnte das Entscheidende sein. Manchmal jedoch ist eine behauptete „Erfahrung", die nicht belastbar ist, motivierend.

So ging die frühe Weisheit Israels davon aus, dass Gott den Gerechten belohnt und den Sünder bestraft, dass also der Sünde das Unglück und der Gerechtigkeit das Glück entspricht. Das passt nicht zu unseren Erfahrungen. Man mag es sich so wünschen, aber es ist nicht so. Zahlreiche Psalmen in der Bibel zeugen davon, wie sich Menschen über die Ungerechtigkeit, dass es den Bösen gut geht und die Guten leiden, beklagen. In seinem Gleichnis vom „Reichen Mann und armen Lazarus" verlegt Jesus daher die „Lösung" ins Jenseits. Das ist eine beliebte Lösung, aber das Wort „tragfähig" gilt dafür nicht, da diese tröstliche Behauptung durch nichts belegt werden kann.

Es ist riskant, einer Behauptung Glauben zu schenken, die unserer Erfahrung widerspricht.

3 Erinnerung der Dylan-Generation

Dylan war nicht immer eine Ikone, er sprach für „meine Generation", als wäre er einer von uns.

August 1971: Ich war als jugendlicher Begleiter in der Jugendherberg in Göttingen auf einer Kinderfreizeit. Eine Gitarre war auch dabei - und ein alter Mann (mindestens ein Jahr älter!). Der zeigte mir rudimentär die Griffe von „Blowin in the Wind". Mein Schulenglisch reichte aus, aber meine Gitarrenkünste? Damals noch Null. Mit Dylan fing es an: Das „A" lernte ich mit zwei Fingern, die drei Seiten auf dem zweiten Bund belegten. Für das „D" deckte der Zeigefinger drei Seiten ab und mein dicker Mittelfinger quetschte sich auf die mittlere Seite. Das „E" war am kompliziertesten. Da konnte man nicht schummeln und brauchte tatsächlich drei Finger. Aber was schafft man nicht alles, wenn man plötzlich seinen Weg ins Leben entdeckt? „How many roads"? Dieses Lied war mein Weg in meine Jugend. Inzwischen spiele ich es sogar mit vier Griffen und transponiere, wenn mal meine Stimme schwach wird.

Den Refrain konnten alle mitschmachten. Das Wort „Wind" wurde sogar verstanden. Die Strophen? Unsereins musste dann die Strophen lernen, damit wenigstens einer sie kann – unbedingt nötig beim Lagerfeuer, wenn man keine Texte hat, aber auch im Gemeindehaus, wo man sich treffen konnte, denn die Kirche bot vielen von uns Unterschlupf. Die zweite Strophe mit den Bergen ging am besten, aber wie unterscheidet man den Anfang der ersten und der letzten? „How many" und dann „man". Was war übrigens „man"? Ein Mann, wie ich einer werden wollte, oder ganz banal ein Mensch, die andere Hälfte der Menschheit eingeschlossen?

Es dauerte Jahre, bis ich das Lied im Original hörte. Aus den Hitparaden war es längst verschwunden und die aktuellen Rock- und Popsendungen (es gab nur die öffentlich-rechtlichen Sender mit drei Programmen) brachten es nicht mehr. Unter uns Lagerfeuerromantikern kursierte es, aber wer hatte schon einen Tonträger von Dylan. Wir hörten meist Rockmusik. Dann erschien „Before the flood" auf dem Markt. Dylan mit Band präsentierten auch „Blowin in the Wind" für Rock-Hörer.

Mit sechzehn verstand ich viele von Dylans Metaphern assoziativ. Er sang von den Wegen, die jemand läuft, bevor er den Himmel sieht. Ich war gerade auf dem Weg, ein (junger) Mann zu werden. Dann kam die weiße Taube. Das war für mich als junger Mann eminent wichtig: ein Symbol für den Frieden. Damit konnten wir uns identifizieren. Dann sang Dylan von der Kanonenkugel. „Dylan"? Nein, das Lied wurde untereinander weitergetragen. Die Version von Bob Dylan hörte ich erst Äonen später (Äonen vergehen in diesem Alter ziemlich schnell). Es ging nicht darum, dass ein gewisser Bob Dylan etwas gesungen hatte, sondern dass dieser Text stimmte, dass er in unsere Situation passte. Nota bene: Das war bereits acht Jahre nach dem Erscheinen und der Vietnamkrieg betraf zwar noch immer die GIs, die gut tausend Meter von meinem Elternhaus in den Kasernen lebten und Techtelmechtel mit den jungen Mädchen in der Nachbarschaft hatten, aber uns, die jungen Männer der BRD betraf es nicht. Straßen, Meere, Kanonenkugeln... Der Blick von uns Jugendlichen weitete sich von der Kommune in die ganze Republik und letztlich über den Globus – der Mond war ja bereits erobert, man könnte auch von der „Welt" reden.

Jede Zeile des Liedes bewegt in mir eine neue Dimension des Denkens. Die Berge, die abgewaschen werden, erinnerten mich an die Alpen mit ihrer Ewigkeitsdimension. Doch dann kamen bereits die Menschen, die in Unfreiheit lebten und frei werden sollten. Im Kontext, den ich seinerzeit verstand, ging es um die schwarzen US-Amerikaner. Ich kannte sie von kirchlichen Begegnungen, wo schwarze Baptisten mit uns Evangelischen zusammenkamen. Aber ich verstand: Auch wenn sie mir ganz normal begegneten mit ihren Kindern im selben Alter, so kamen sie doch aus einem Land, in dem sie zweitklassig waren. In unserer Kirche wurde von Martin Luther King geredet und wir wussten um die Rassendiskriminierung. Dann kam der Satz, der uns Jugendlichen am verständlichsten war: „Wie oft muss jemand wegblicken und so tun, als würde er nichts sehen?" Das war für uns ein Sinnbild für die Erwachsenenwelt. Heute fiele mir der altmodische Begriff „Heuchler", oder englisch „Hypocrits" ein. Mein Vater gehörte nicht zu den Heuchlern, daher wusste ich um diese gesellschaftliche Schieflage.

Die dritte Strophe verstand ich nicht sofort, denn ich hätte statt „sky" „heaven" genommen: Wie oft muss ein Mann nach oben schauen, bevor der den Himmel Gottes sieht? Das passte dann auch zu den Ohren, die jemand haben muss, um Menschen weinen zu hören. Als Jugendlicher war dies für mich eine Frage der Gerechtigkeit: Nehmen die Erwachsenen überhaupt wahr, wie schlimm Menschen leiden, ohnmächtige Menschen leiden, arme Menschen leiden? Arm und Leiden war eine Klimax: Da ging es um den Tod, um das Absolute. Du kannst über viele Ungerechtigkeiten diskutieren, aber der Tod ist irreversibel. Wie viele Tote braucht es, damit jemand merkt, dass zu viele Menschen gestorben sind? In meiner Jugend waren emotional das Dritte Reich und der zweite Weltkrieg durch unsere Elterngeneration noch recht nahe. Nach meinem Eindruck hatten die Erwachsenen (meinen Vater und wenige seiner

Bekannten ausgenommen) nicht gecheckt, dass es zu viele tote Menschen gab und wir ganz anders miteinander umgehen mussten. Vor allem Franz Josef Strauß und die CSU attackierten uns, zum wohlfeilen Beifall der Heuchler. Das Thema war vor allem der Kalte Krieg, aber auch der Vietnamkrieg. Damals war mir klar: Ich würde Bob Dylan sagen: Es sind jetzt genug Menschen gestorben, dass wir alle merken müssen, es sind zu viele.

An dieses mehr emotionale Verständnis aus meiner Jugend erinnere ich mich sehr gut. „Blowin in the Wind" transportierte Weltweisheit, die ich aufgesogen hatte. Jetzt möchte ich aus meiner Jugend in die Gegenwart kommen, aber ich weiß natürlich, dass in mir immer noch der Jugendliche von damals lebt. Und ich füttere ihn auch, denn er hat es verdient, zu leben.

Betrachten wir also die Hymne einer Generation auf dem Hintergrund von Bob Dylan.

3.1 Original oder Kopie?

Dylan schreibt seine Texte als schaffender Künstler. „Schaffen". Seine Gedichte, seine Lieder sind Schöpfungen. Gerade bei Dylan müssen wir diesen Begriff genauer anschauen, denn kaum ein großer schaffender Künstler wird so oft des „Plagiats" bezichtigt wie Dylan.

Schauen wir beim „Schöpfen" nicht zu Wiktionary, sondern in das „Buch der Bücher". Die Bibel verwendet bei „Schöpfung" das Wort „bara", wenn es um Gott geht. Gottes „Schöpfung" ist eine Schöpfung aus dem „Nichts". „bara", das wird nur von Gott gesagt, das ist exklusiv und bezieht sich tatsächlich auf eine Schöpfung von etwas, das es vorher nicht gab.

Wer will, kann hier an den Urknall denken, aber die Astrophysiker forschen immer noch daran, was vor dem Urknall war, woher die Energie stammte. Vielleicht werden sie nie auf eine Antwort stoßen, weil der Urknall wirklich aus dem Nichts kam, aber für einen Naturwissenschaftler ist das keine befriedigende Lösung.[3] Wer im System von „Ursache und Wirkung", also im kausalen Denken unterwegs ist, wirft den „alles zermalmenden" Philosophen Immanuel Kant in die Ecke, der von solch unwissenschaftlichen Begriffen wie „der unbewegte Erstbeweger" fabuliert.

---

[3] Wer sich in diese Fragen auf unterhaltsame und gut dokumentierte Weise einlesen will, greife zu dem Buch „Wir waren doch auf dem Mond", in dem das Hohe Lied des vernünftigen Fragens gegen die grassierende Dummheit des Halbwissens gesungen wird.

Wir reden freilich nicht von Naturwissenschaft, sondern von Dichtung und davon, wir originell und original Dylans Werke sind. Wenn in der Bibel sogar mittels Begrifflichkeit Gottes Schöpfungen von den menschlichen, die immer auf etwas Vorgegebenes rekrutieren, unterscheidet, dann soll dies eine Aussage über Gott sein. Wir aber schauen auf den Teil, der etwas über Menschen aussagt: Nichts wird ohne Vorbedingungen geschaffen. Selbst der Vormensch, der zum ersten Mal einen Stein zum Öffnen einer Nuss benutzte, greift auf etwas Vorgegebenes zurück.

Plagiate? Nicht immer, wenn ich mit Vorgegebenem agiere, produziere ich ein Plagiat. Dass ich eine Sprache nehme, die mir überliefert ist, macht mich noch nicht zum Plagiator, auch nicht, dass ich auf Sätze, die ich kenne, zurückgreife. Der kreative Faktor ist das Entscheidende. „Creatio" ist die „Schöpfung" und nur im religiösen Bereich gibt es Gott als den „Creator ex Nihilo", den „Schöpfer aus dem Nichts".

Wenn wir Menschen etwas Neues mit Zutaten aus dem Vorhandenen gestalten, dann schaffen wir etwas. Und in diesem Zusammenhang würde man als naturwissenschaftlich argumentierender Mensch fragen: Ab welchem Punkt ist etwas „neu"? Wir werden es nie genau bestimmen können, denn selbst der große Darwin und die Tausende von Wissenschaftlern, die ihm folgten, konnte bei der Evolution genau bestimmen, wann etwas „neu" war. Es waren Entwicklungen. Und nur, wenn man in großen Abständen hinschaut, kann man sagen: Das ist neu.

Wir können aus einer anderen Perspektive aber auch sagen: Jeder Mensch, der geboren wird, ist neu. So gab es einen Menschen noch nie. Religiöse Menschen sagen dann sogar, jeder Mensch sei von Gott geschaffen. An diesem Punkt stimmt das in gewisser Hinsicht: Die Einzigartigkeit des Individuums wird nur begriffen, wenn man dieses Individuum der Masse gegenüber stellt. Nicht jeder Folk-Sänger ist Bob Dylan. Aber jeder Folk-Sänger hat etwas eigenes, das ihn von Dylan unterscheidet. Dylan ist auch ein ganz einzigartiger Mensch. Das machte er gerade Mitte der 60er Jahre unmissverständlich deutlich, wo er sich wehrte, in eine Schablone gesteckt zu werden und die Projektionsfläche von Fans zu sein.

Doch engen wir die Betrachtungsweise auf den Vorwurf ein, Dylan sei immer wieder ein Plagiator. Darin steckt eine Portion Wahrheit, aber der Vorgang ist sehr komplex:

Bei Dylan spielt das Spielen mit Material eine große Rolle. Er selbst führt es auf Woody Guthrie zurück, von dem er gelernt hätte, etwas Traditionelles aufzugreifen und daraus etwas Neues zu machen, indem er Melodien oder Texte variierte. Es gibt eine eigene Wikipedia-Seite zu den Lieder, aus denen Dylan neue schuf oder die er kopierte oder die er... Manchmal sie die Quelle dieser „Plagiate" auch eigene Songs.

Als klassisch ausgebildeter Theologe analysiere ich von Haus aus Texte mit verschiedenen Mitteln wie Textanalyse, Traditionsgeschichte und dergleichen. Bei Jesus als traditionellem „Forschungsobjekt" geht es immer wieder darum, woher er seine Bilder, seine Texte, seine Formulierungen bezog. Wäre er nur ein Imitator gewesen, hätte er wohl wenig bewirkt. Seinen Erfolg verdankt er einer außerordentlichen, über Jahrhunderte wirkenden innovativen Kraft.[4] Die mag manchmal nicht in den Formulierung stecken, sondern in der Stimme, der Betonung... Tonträger von Jesus sind leider nicht überliefert, aber Dylans Tondokumente sind überquellend. Aus ihnen klingt die Besonderheit seiner Werke.

Jesu wirkmächtigster, am nachhaltigsten tradierter Text war das „Vaterunser". Nein, er hat es nicht erfunden. Nein, er hat es nicht kopiert. Er griff auf Traditionen zurück und formte daraus etwas Eigenes. Dabei musste er es so formen, dass es merkbar, tradierbar war. Aus künstlerischer Sicht war er enorm erfolgreich. Andere Sätze werden zwar mit ihm verbunden, sind aber nicht originär und auch nicht original, etwa die goldene Regel Mt.7,12 „Alles nun, was ihr wollt, dass euch die Leute tun sollen, das tut ihr ihnen auch! Das ist das Gesetz und die Propheten." Viele Menschen zitieren es lieber als „Was du nicht willst, dass man dir tut, das füg auch keinem andern zu." Immerhin ist die Version bei Matthäus die aktivere. Das passt wiederum zu Jesus.

Dylan befindet sich also in guter Gesellschaft, wenn er auf Material zurückgreift und es zu etwas Eigenem verarbeitet. In „Selfportrait" schludert er eine Menge unverarbeitetes hin und beansprucht dabei auch keine Autorenschaft. Gerade „Selfportrait" zeigt, was herauskommt, wenn das Schöpferische nicht in die Songs einfließt. Sowohl seine gecoverten wie seine eigenen Lieder lassen an Qualität zu wünschen übrig. Das scheint sogar das Schöpferische an diesem Opus zu sein: Er zerschlägt seine Marmorbüste als genialer Künstler. Das ist fast schon dadaistisch – eine Stilart, der er ansonsten nicht sehr huldigt, anders als etwa „The Beatles" auf dem Weißen Album und auf „Abbey Road"[5]. Wenn er allerdings im 21. Jahrhundert mit irgendwelchen Klassikern der US-Musik jonglierte, bewegte er sich durchasu auf dem Niveau von „Selfportrait". Man könnte sich fragen, ob er nicht schon damals viel

---

[4] Hochinteressant seine Autobiographie „Ich, Jeshua Ben Yusuf aus Nazareth, genannt Jesus" (Hg. V.Szebinski)
[5] Ausführlich in „The Beatles Go Dada" analysiert.

von sich preisgab, das nicht in seiner künstlerischen Originalität und Schaffenskraft beheimatet war, sondern in dem, aus dem er sich musikalisch speiste, ohne es immer gleich zu reproduzieren. Wenn ich mit meiner Band „Ezzedla abba"[6] konzertiere, bringe ich durchaus eine Menge Lieder, die ich gerne spiele, mir aber zuhause doch nicht anhöre, weil ich lieber zu anderen Platten greife.

Dylan fungiert nicht als Plagiator, wenn er sich fremder Quellen bedient. Es wird durch ihn selbst im banalen Sound etwas Eigenes, oft genug auch in der Interpretation, durch die Stimme, durch das Gitarre spielen.

Ob diese Zuordnung schon bei seinem ersten Album stimmt, möchte ich offen lassen. Wenn er das Arrangement von „House of the Rising Sun" gestohlen hat, soll das hiermit nicht nivelliert werden. In diesem Fall ist es sogar sehr kritisch, weil er dabei einen Freund ausnutzte, der in schwierigen Zeiten für ihn da war. Hier zeigt sich der Egomane Robert Zimmermann. Das war später vermutlich nicht besser, aber es fand künstlerisch auf einem höheren Niveau statt. Es passt auch nicht zu seinem ausgeprägten Ego, dass er einfach Ideen klaut. Das wäre zu deprimierend. Er muss etwas Eigenes daraus gestalten.

Auf diesen Differenzierungen können wir uns bestimmten Songs zuwenden.

---

[6] Fränkisch. Hochdeutsch: „Jetzt aber!" Ältere Herren präsentieren die Hits ihrer Jugend.

4 Weisheit in konkreten Songs

Dylans Opus ist umfangreich. Allein schon „Bob Dylan, The Lyrics 1961-2012" umfasst 666 Seiten. 666! Satanisch! Schau nach! Überprüfe, ob die Angabe von einem Bürokraten mit Ärmelschonern stammt oder von einem dylanesken Chronisten.

Wie auch immer. Das vorliegende Büchlein soll kürzer, lesbar, konsumierbar sein, auf den Anspruch auf Vollständigkeit verzichten[7] und dadurch zum Genuss von Dylans Musik beitragen.

Wir starten in die Songs mit dem absoluten Klassiker. Ich weiß nicht, was die anderen neun Songs des 20. Jahrhunderts wären, aber „Blowin' in the Wind" gehört in die wichtigsten zehn, vermutlich mit „Yesterday", „Imagine", „Satisfaction", „Whole lotta love", „Proud Mary", „Hello Dolly", „Sternenlied", „Always on my mind", „Johnny B. Good", "Roll over Beethoven", "Sweet little Sixteen", "Despacito", "House of the rising sun", "Donna, donna", "Hound dog", "The middle", "Let it be", "Traenen luegen nicht", "Marmor, Stein und Eisen bricht", "Lover", "If the World Was Endin'", "Ferry cross the river", "Sonderzug nach Pankow", "We are the champions", „Je regret rien", "Blue suede shoes".[8] Wer mir nicht zustimmt, den blase ich in den Wind und er verschwimmt über den Gebirgen, bevor er sich in den Meeren auflöst. Vielleicht verschläft er aber auch den Morgen im Sand neben der Kanonenkugel.

4.1 „Blowin in the Wind": eine endlose Reihung von endlosen Reihen

„Blowin in the Wind" war die Lagerfeuerhymne der 60er-Generation, gefolgt von „Donna, donna" und „House of the Rising sun". Wie viele Straßen muss ein Mann gelaufen sein, um "Mann" genannt zu werden? Wie viele Meere muss eine weiße Möwe überquert haben, um im Sand zu ruhen? Wie oft muss eine Kanonenkugel geflogen sein, um für immer gebannt zu sein? Keiner kennt eine Antwort auf die Frage, auch der Dichter nicht. Aber wir spürten: In den Fragen war bereits die Antwort verborgen.

---

[7] Nach meiner Wahrnehmung stellen alle seine Kommentatoren irgendwo fest, dass sie diesem großen und extrem facettenreichen Werk auch nicht ansatzweise gerecht werden. Es bleibt immer Stückwerk, selektiv.

[8] Diese Top Ten ließen sich auch noch um zwei Hits aufstocken auf 99.

Dylan in der Tradition des Alten Testamentes[9] aufgewachsen, assoziiert Verse aus der Bibel: Alles ist nur ein Haschen nach Wind. Bob Dylan variiert: Die Antwort wird in den Wind geblasen.

Wir wünschen uns, dass die Kanonenkugel gebannt wird und nicht mehr fliegt. Aber auch wenn der damalige Vietnamkrieg beendet ist – Die Hymne Blowin in the wind war ein Faktor dabei… auch nach dem Vietnamkrieg gibt es Irak, Afghanistan, Libyen - und das sind lediglich die Kriege mit Öffentlichkeitswirksamkeit. Wann hört das auf? The answer is blowin in the wind.

Denn unsere Vernunft gibt keine Antworten. Nichts ist erklärbar. Gott sei es geklagt. Die Klage wird nicht in den Wind gesprochen, sondern erreicht Gottes Ohren.

Das Lied lässt weisheitliche Strukturen erkennen. Bob Dylan verarbeitete sehr viele Traditionen. Oft genug wurde darauf hingewiesen, wo er Melodien oder Ideen klaute, ausformulierte und veröffentlichte. Die rechtliche Seite überlassen wir den Juristen. Hier ist wichtig: Was machte er denn daraus? Er selbst hat dies übrigens nie bestritten, sondern immer wieder darauf hingewiesen, dass er dies von Woody Guthrie lernte.

Auch bei „Blowin in the Wind" griff er auf den „Weisheits"-Stil zurück. Unter seinen Liedern nimmt dieses Lied eine Sonderstellung ein. Die Resonanz auf diesen Song und seine Akzeptanz sowie seine Zitation machen deutlich: „Blowin in the Wind" ist eine musikalische Ikone wie die Freiheitsstatue, der Eifelturm oder die Pyramiden.

Das liegt auch an seiner weisheitlichen Gestaltung. Der Refrain ist banal bis unerklärlich: „The answer is blowin in the wind": Die Antwort ist in den Wind geblasen. Was soll das heißen? Die Hörer spüren ihre Antwort, aber die Verbalisierungen werden nicht deckungsgleich sein. Macht der Wind die Antwort unhörbar, oder trägt er sie überall hin, oder ist sie so bedeutungslos wie Luft? Ich weiß es, aber ich werde mich hüten, das auszusprechen, weil ich mich nicht in haarspalterische Diskussionen begeben möchte. Für mich reicht es, wenn ich es weiß. Das habe ich von Dylan gelernt.

Ein „weisheitliches" Stilmittel beherrscht die Strophen. Dylan stellt Fragen. Der Hörer gibt die Antwort. Aber die Antwort bedarf keiner Entscheidung. Sie ergibt sich von selbst. Dylans Formulierungen sind

---

[9] Als beschnittener Junge feierte er die Bar Mizwa, wurde zum „Sohn des Gesetzes", der das Gesetz dann auch befolgen muss. Bei Juden klappt dies freilich auch nicht besser als bei Moslems, Christen oder sonstigen „Gläubigen" mit einem Verhaltenskodex und einem „Glaubensinhalt".

nicht suggestiv, wenngleich seine intensive Stimme etwas Hypnotisches an sich hat. Dylan führt nur in die Fragen hinein. Er formuliert keine Antwort, anders als Paul McCartney einige Jahre später bei „Let it be", wo die Weisheit (Wisdom) darin besteht, „es fließen zu lassen", die Gefühle „zuzulassen". Dylan gibt keine Antwort, ja, er will auch keine Antwort geben und wenn wir genau hinhören: Er verstellt auch anderen den Weg, Antworten auf diese Fragen zu geben, weil die Antwort mit dem Wind verweht. Manchmal ist es tatsächlich so, dass eine Antwort ihren Inhalt zerstört. Wenn eine Mutter eindringlich ihr Kind fragt „Hast du mich lieb" und das Kind genötigt sagt „Ja, Mama, ich hab dich lieb", dann zerstört die drängende Frage bereits die in der Antwort liegende Liebe oder beschädigt sie zumindest.

Schauen wir den Text genauer an, vor allem die erste Strophe. Jede Zeile ist ein Thema. Das ist typisch für Bob Dylan, der es später nachhaltiger in „A hard rain's agonna fall" praktiziert.

„Wie viele **Straßen** muss ein Mensch laufen, bevor du ihn einen Mensch nennen kannst?" Wie soll man das wissen? Aber die Erfahrung lehrt: unendlich viele... Im Hebräischen hieße „Mensch" Adam, der aus der Erde genommene. Im Englischen bedeutet „man" nicht nur „Mensch", sondern auch „Mann". Als Mann legte sich für Bob Dylan durchaus die Frage nahe: „Wodurch wird man ein Mann?" „Was muss man tun, um ein Mann genannt zu werden?" Whiskey, Zigaretten, Sex? Auf alle Fälle Erfahrungen. Erfahrungen auf dem Lebensweg. Wie viele Wege muss ein Mann gehen, bevor man ihn einen „Mann" nennen kann? Einen männlichen Mann? Für junge Männer ist dies eine Identitätsfrage, damit eine Identitätskrise. Das passte ins Umfeld von Bob Dylan 1963. Es passt aber in praktisch alle männlichen Identitätssuchen. Es ist ein weisheitliches Thema ohne Lösungssatz. Es signalisiert aber dem suchenden jungen Mann: Du wirst verstanden.

Viele **Meere** muss eine weiße Taube fliegen, bevor sie im Sand schlafen kann? Das suggeriert: Unendlich viele. Weiße Taube lässt auch die Friedenstaube assoziieren... Freilich segeln Tauben nicht übers Meer. Weisheitlich-dichterisch ist das nicht von Belang, denn es komprimiert Assoziationen. Das Meer ist unendlich weit. Wie viele Unendlichkeiten muss der Bote des Friedens fliegen?

New York, wo Dylan zu jener Zeit lebte, ist eine Hafenstadt. Die Freiheitsstatue begrüßt die Fremden, die mit dem Schiff ankommen, schon von weitem. Das mag bereits bei den Vorfahren von Robert Zimmermann so gewesen sein, die 1905 ins Land der unbegrenzten

Möglichkeiten einwanderten, schifften[10]. Sie kamen aus Odessa. Sie stammten wohl auch aus dem armenischen Gebiet, dass später von der Türkei annektiert wurde, verbunden mit jenem bestialischen Völkermord, der an der Weltgeschichte vorbei ging.[11] Wenn sich heute Türken Bob Dylan als Türken aneignen, ist das genauso verlogen wie wenn der Name Zimmermann aus Bob Dylan einen „Deutschen" machen lässt. Und seine jüdischen Wurzeln machen ihn auch nicht zu einem Israeli, wohl aber kulturell zu einem Teil jener vielfältigen Tradition, die jüdische Wurzeln hat.

Wie oft muss eine **Kanonenkugel** fliegen, bevor sie für immer gebannt ist? Das unterstellt: Unendlich oft, denn die Erfahrung zeigt: der Krieg wird nie gebannt. Kanonenkugeln waren schon lange kein Thema mehr. Die Deutschen hatten das Giftgas als Waffe in die Kriege eingeführt und die US-Amerikaner die Atombombe.

Als Bob Zimmermann im April 1962 den Text schrieb – angeblich in einer Folkkneipe in *Greenwich Village* -, war der 3. Weltkrieg gerade erst ein Jahr lang gebannt. April 1961 mit der Invasion in der Schweinbucht von Kuba schien die Atombombe nur noch eine Frage von Tagen. John F. Kennedy entschied sich dagegen. Aber der Kalte Krieg blieb. Wie oft müssen die Kugeln oder Drohungen hin- und hergeschossen werden, bis sie für immer gebannt sind. Gebannt hat etwas Magisches an sich. Magie gehört dazu, denn menschlicher Wille reicht nicht aus, um die Kriegsgefahr zu „bannen".

Wie oft also? Dabei ist die Kanonenkugel gar nicht das Subjekt. Es ist der Mensch, der handelt.[12] Die Kugel fliegt nur, wenn der Mensch es veranlasst. Sie ist nicht mal wie ein „auf Mann" dressierter Hund, der losrennt und beißt, sondern sie muss aktiv losgeschossen werden. Die Kugel muss nur so oft fliegen, wie der Mensch sie abfeuert. Wenn er damit nicht aufhört, hört auch der Krieg nicht auf.

4.1.1 Religiöser Einschub: Blowin' in the Wind

Eine Minute zum Nachdenken. Im Mai 2011 wählte ich dafür Lieder von Bob Dylan. Er wurde 70 und viele sind mit ihm alt geworden. Es sind Rundfunkandachten, die ich als evangelischer Pfarrer im säkularen Privatfunk „Radio Charivari" brachte.

---

[10] Über 40 Millionen US-Citizens haben deutsche Vorfahren.

[11] Volker Schoßwald, Rekrut im ersten Weltkrieg

[12] So wie John F. Kennedy eben den Dritten Weltkrieg nicht begann, während sein Gegenüber Chruschtschow mit seinem Schuh auf den Tisch der UNO klopfte, was unzivilisiert wirkte, aber eine russische Tradition darstellte. Freilich gibt es für diese so anschauliche Geschichte keine tragfähigen Belege.

Robert Zimmermann wird 70. Keine Schlagzeile. Halt! Wie klingt es, wenn Bob Dylan 70 wird? Ach ja, so lautet Robert Zimmermanns Künstlername. Bob Dylan 70? Der, der schrieb "For ever young"? Als Wunsch: May you stay forever young...

Wir erinnern uns: Blowin in the wind, die Lagerfeuerhymne der 60er-Generation. Wie viele Straßen muss ein Mann gelaufen sein, um "Mann" genannt zu werden? Wie viele Meere muss eine weiße Möwe überquert haben, um im Sand zu ruhen? Wie oft muss eine Kanonenkugel geflogen sein, um für immer gebannt zu sein? Keiner kennt eine Antwort auf die Frage, auch der Dichter nicht.

Er erinnert uns daran, was in der Bibel steht - Bob Dylan wuchs in der Tradition des Alten Testamentes auf. Dort steht beim Prediger: Alles ist nur ein Haschen nach Wind. Bob Dylan variiert: Die Antwort bläst in den Wind.

Wir wünschen uns freilich, dass die Kanonenkugel gebannt wird und nicht mehr fliegt. Aber auch wenn der damalige Vietnamkrieg beendet ist - Blowin in the wind war ein Faktor dabei... auch nach dem Vietnamkrieg gibt es Irak, Afghanistan, Libyen - und das sind lediglich die Kriege mit Öffentlichkeitswirksamkeit. Wann hört das auf? The answer is blowin in the wind.

In der Passionszeit dürfen wir durchaus daran erinnern, dass Jesus nicht hochbetagt im Bett starb, sondern von Soldaten an den Galgen gehängt wurde. Warum machen Menschen so etwas? Die Antwort...

4.1.2 Blowin' in the Wind und I have a dream

Dieses Lied gehört auch zu dem Marsch auf Washington, bei dem Martin Luther King seine berühmte Rede hielt: „I have a dream".[13] JFK sah sich die Veranstaltung im geschützten Rahmen an, lud aber später die Hauptakteuer zu sich ein. Die Botschaft von der Kanonenkugel kam auch bei ihm an.

Die billigen Präsidenten der USA (in der Regel Republikaner) sicherten sich die Wählerstimmen regelmäßig durch militärische Aktionen, als würden die USA angegriffen und müssten sie die Heimat verteidigen. Diese billige Methode funktioniert noch heute bei den zunehmend verblödeten Massen in den USA. Das merkt man vor allem daran, dass die konkurrierenden Parteien die nationale Karte regelmäßig ausspielen.

---

[13] Volker Schoßwald, Martin Luther King, der letzte Prophet

Kennedy begann, auf eine alternative Karte zu setzen: Verständigung. Durch King, Dylan und Co wusste er um eine breite Unterstützung. Kein Wunder, dass er am 22.11.63 ermordet wurde. Es war keineswegs ein Ausländer oder ein Kommunist, der diesen Mord beging. Die Geschichte von Lee Harvey Oswald erinnert an viele Lebensgeschichten aus dem rechten Lager, auch in der BRD des 21. Jahrhundert. Paranoid und menschenverachtend wären zwei wichtige Kategorien.

4.1.3 „Murder most foul".

Dylan selbst verarbeitete diesen Mord 2020 in „Murder most foul". Da war er bereits Literaturnobelpreisträger und die Latte hing noch höher bei dem „Mega-Star". Oder ist er ein „Giga-Star" oder gar eine „Terra-Star"?

Der Titel sagt bereits alles aus. Der allerverdorbendste Mord! Als ob es etwas Verdorbeneres, etwas Böseres als einen Mord geben könne... Kann es offenbar, denn dieser Mord schien staatlich organisiert und ebenso staatlich verschleiert – verschleiert im nationalen Interesse. So viele Anführungszeichen, wie man hier bräuchte, kann ich gar nicht setzen. Dylan machte diese Anführungszeichen durch eine Reihung von Metaphern. Das ist typisch für den weisheitlichen Dichter.

„Blowin' in the Wind" soll von einem Gospel abgekupfert sein: „*No More Auction Block*". Angeblich saß Dylan einer Folkkneipe im April 1962, als er den Text dazu verfasste. „*No More Auction Block*" ist ein berührendes Gospellied, wo es um den Sklavenmarkt in den USA geht, also den Block, wo die Menschenhändler-„Auktionen" stattfanden.

Auf den Gaslicht-Tapes ist Dylans Version zu hören. Auf der Gitarre spielt er einige Phrasen, die zu „Blowin' in the Wind" passen. Die Struktur aber wäre allenfalls mit „Playboys and Playgirls" zu vergleichen. Da geht es auch um Aufzählungen und es ist ebenfalls ein Singalong-Song, bei dem sich viel vom Text wiederholt. Gerade wenn man die Versionen von Odetta oder Pete Seeger vergleicht, könnte man eher den Eindruck gewinnen, dass Dylan bei seiner Interpretation Versatzstücke auf der Gitarre einfügt, die zu „Blowin in the Wind" passen.

4.1.4 Der Berg und der Weg

„Gonna get up in the morning walk the hard road down. Some sweet day I'll stand beside my king. I wouldn't betray your love or any other thing."

In Thunder on the Mountain" auf „Modern Times" taucht 2006 wieder die "road" auf, die ein Mann gehen muss, während der Donner von den „mountains" grollt.. Es ist nicht irgendeine Straße, es ist die Straße des Lebens. Aber wo führt sie hin?

Er kommt zum König. Ist es der Weg des Lebens, der vor Gott führt? Ja, eindeutig wird Dylan hier religiös.

Und dann dort, bei Gott? Er wird zu seinem Leben stehen, meint er. „I've already confessed - no need to confess again". Er hat schon gestanden, gebeichtet, er muss es nicht noch einmal machen. Bezieht sich das auf seine religiösen Stationen, zu denen auch ein US-Christentum gehört, bei dem „Confess" eine Rolle spielt? Aber hier ist es der König und kein Priester, Pfarrer, Prediger. Es ist „my king", also eine Chiffre für Gott.

Es ist immer wieder interessant, zu beobachten, wie unterschiedlich der US-amerikanische und der deutsche Umgang mit Problemen mit „Gott" ist. Die miserablen „Vertreter Gottes" auf allen Ebenen führen in Deutschland oft dazu, die Existenz Gottes mit guten Gründen zu bestreiten. Wer vernünftig ist, glaubt nicht an Gott. Es ist ja nicht nur die verlogene Amtskirche, nein, es gibt auch die von einem deutschen Philosophen (Leibniz) artikulierte „Theodizeefrage": Wie kann ein guter Gott all das Übel auf der Welt, das nicht von Menschen verschuldet ist, zulassen? Das ist eine gute und wichtige Frage. In Deutschland führt sie oft dazu, dass einfach die Existenz Gottes bestritten wird. Das gibt es zwar in den USA auch, aber dort wird wesentlich seltener das Fehlverhalten von „Kirchen" zur Bestreitung des Existenz Gottes eingesetzt, sondern eben die Fragwürdigkeit der Gemeinschaften oder besonders ihrer Anführer aufgegriffen.

Man muss allerdings realisieren: Die Bestreitung der Existenz Gottes aufgrund der gut definierten und einleuchtenden Theodizeefrage basiert in aller Regel auf einem bestimmten Gottesbild. Ob dies realistisch ist, ob dies zutrifft, ist die andere Frage. Viele gehen davon aus, dass „Gott", egal, was das ist, allmächtig sein muss. Nur dann funktioniert diese Fragestellung.

Ich selbst halte dieses Etikett „Allmacht Gottes" für menschengemacht, passend zu Feuerbachs „Projektions"-Theorie. Ich habe Erfahrungen mit Gott gemacht und daher wenig Grund, seine Existenz zu bezweifeln. Ich habe ihn aber auch nicht ansatzweise als „allmächtig" erlebt. Daher kann ich klar formulieren: „Gott ist nicht allmächtig". Wer einen allmächtigen Gott braucht und vernünftig sein will, der muss Atheist werden und enttäuscht sein. Wer seine Vernunft in den Mülleimer stecken will, der kann weiterhin an einen allmächtigen Gott glauben – er hat ihn allerdings nie erlebt. Für ihn bleibt „Gott" eine Behauptung.

Dylan jedenfalls benennt Gott als „King". Der taucht in diesem Song wie der endzeitliche Richter auf. Aber Dylan wird seine Liebe nicht verraten. Er steht auch nicht vor dem König, sondern bei ihm. Das verändert die oft beschworene „Gerichtssituation" am „Jüngsten Tag".

Mit dieser Gitarre lernte ich seinerzeit „Blowin in the Wind", mein erstes Lied, und hier setzte ich sie anlässlich eines Konzertes zu Dylans 70. Geburtstag ein.

4.2 „My Back Pages": Ich war soviel älter damals…

Als Dylan erkannte, dass die Weisheiten, die er von sich gegeben hatte, wenig bewirkten, auch deshalb, weil sie oft nur dem Wortlaut nach übernommen wurden, aber nicht zur Veränderung der Person führten, änderte er seine Schreibweise bei „Another Side of Bob Dylan", das „My Back Pages" enthielt. Er wollte aus den „eindimensionalen" eindeutigen Songs mit den klaren Botschaft heraus in die vieldimensionale Welt ohne eindeutige, simple Erklärungen.[14]

Der Refrain wiederholt eine weisheitliche Erkenntnis: „I was so much older then, I'm younger than that now." „Ich war so viel älter damals, ich bin heute jünger als damals." Wenn alte Leute so etwas singen, kann dies überheblich klingen. Oft genug höre ich bei Seniorenbesuchen zu Geburtstagen, das ein in die Jahre gekommener Anwesender die Weisheit von sich gibt: „Jeder ist so jung, wie er sich fühlt." Zu-

---

[14]*Sheffield University Paper* in May 1965 laut Wikipedia: "Dylan explained the change that had occurred in his songwriting over the previous twelve months, noting "The big difference is that the songs I was writing last year ... they were what I call one-dimensional songs, but my new songs I'm trying to make more three-dimensional, you know, there's more symbolism, they're written on more than one level."

stimmendes Nicken aus der Runde begleitet seine Weisheit. Der besuchende Pfarrer aber seufzt innerlich: „Da belügst du dich selbst." Er mag auch differenzieren: „Wir alten Männer sind alt, mögen wir uns auch jung, juvenil, frühlingshaft fühlen." Als Joe Biden zum Präsidenten gewählt wurde, sprang er jugendlich auf die Bühne, aber seine Bewegungen waren senil jugendlich. Ich fand dieses Hüpfen, diese joggende Hopsen peinlich. Freilich: Wer Lügen liebt, liebt so etwas. Und Politiker wissen: Wähler lieben Lügen.

Dylan sang „*I was so much older then, I'm younger than that now*" 1965, also mit 24. Wenn er Anfang 20 erklärte, er wäre früher älter gewesen als heute, klingt dies anders als bei einem 70-jährigen. Mit 19 sah er manches klarer als mit 24. Gerade die Differenzierungen durch Lebenserfahrungen könnten den klaren Blick vernebeln. Wer glaubt, dass er mit zunehmender Erkenntnis automatisch klüger werde, kann sich täuschen. Manche 18-jährige sind klüger als 25-jährige oder gar 40-jährige. Dabei rede ich nicht von drei verschiedenen Menschen, sondern von derselben Person in drei verschiedenen Lebensjahren.

„Ich war so viel älter damals, ich bin heute jünger als damals." Ja, manchmal muss ich mir die Klarheit der Jugend wieder aneignen, weil in ihr Wahrheit steckt.

Eine besonders krass formulierte Strophe zitiert einen Professor, dessen Stimme zu ernsthaft ist, um einen zu foppen. Die Stimme sagt: „Freiheit ist einfach Gleichheit in der Schule." Das war ein Thema seinerzeit. In der Bundesrepublik nannte man es „Bildungsgerechtigkeit" und die sozialliberale Bundesregierung von Brandt und Scheel setzte die Bildungsreform „Bildung für alle" nachdrücklich um. Wenn wir es uns ein halbes Jahrhundert später anschauen, ist die Wirkung sehr ambivalent: In der Tat hatten Kinder aus verschiedenen Schichten guten Zugang zu weiterführenden Schulen. Freilich sanken unmerklich dabei auch die Ansprüche der Gymnasien und in der Folge auch in der Grundschule. Der bessere Zugang zu Gymnasien führte allerdings dazu, dass dank der sinkenden kognitiven Schwelle die Hauptschulen zu Restschulen degradiert wurden, wogegen auch die Kaschierung als „Mittelschulen" in Bayern nicht half.[15] Zurück in die 60er: Das Wert „Freiheit" sprach der junge Mann feierlich aus, wie das „Ja" beim Trauversprechen. Er spürte, was es bedeutete. Jahre später war er wohl ein Stück weit desillusioniert.

---

[15]Mittelschule war der eingebürgerte Name für die Realschulen als Mitte zwischen Volksschulen und Gymnasien. Auch hier wieder eine klassische „Lüge", die die Politiker ihren Wählern schenkten.

In Deutschland könnte man den Begriff „Liberty" auf die Liberalen anwenden und in der Tat sind die Liberalen (FDP) der 60er Jahre nicht mit denen des 21. Jahrhunderts zu vergleichen. Die Bildungsreform als soziale Aufgabe ist ihnen egal. Die Justizreform als soziale Aufgabe ist auch nicht im Blick. Es geht nur noch um den Neo-Liberalismus, der bedeutet, dass jeder die Freiheit hat, sich durchzusetzen. Das gilt vor allem im wirtschaftlichen Bereich und provoziert die Hackordnung im Hühnerhof oder überhaupt in der Tierwelt, dass die Rücksichtslosen sich durchsetzen können. Das hat mit Freiheit nur bedingt zu tun, weil die Freiheit der Reichen immer zu Lasten der Ärmeren geht, die unter vielen und zunehmenden Zwängen zu leiden haben.

Dylan signalisiert schon vor 50 Jahren ein Unwohlsein bei diesen politischen Begriffen. Fast schon unverschämt analysiert er seine eigenen Wertvorstellungen: „Gut" und „Böse", diese Begriffe definiert er klar und deutlich. Zweifelsohne. Einen Atemzug später fügt er hinzu „irgendwie". „Klar und deutlich" sind der Gegenbegriff zu „irgendwie". Diese Verunsicherung ist „weise".

Andererseits zeigt uns Älteren der Umgang mit Jugendlichen, dass sie oft sehr klare Vorstellungen von „gut" und „böse" und „richtig" und „falsch" haben. Wenn es dann allerdings darum geht, dass sie es präzise benennen oder begründen sollen, müssen sie oft passen, bleiben aber dabei, dass jeder versteht, was sie meinen.

Wenn wir es mit den Jahren klarer definieren könne, deutlicher benennen können, spüren wir vielleicht doch, dass wir uns von einem klaren „Gut" und „Böse" verabschiedet haben. Es wäre töricht, auf die Erfahrungen zu verzichten, die Differenzierungen aufzugeben, aber es ist auch nicht weise, die Klarheit des jugendlichen Denkens zu belächeln.

In "My back pages" auf „Another Side of Bob Dylan" formulierte Dylan die Weisheit formuliert er in Ich-Form. Diese Stilform verwendete schon der biblische Kohelet: „Ich tat dies und das und es war ein Haschen nach dem Wind…"

„Haschen nach dem Wind" wird in der Bibel einem ehemaligen König über Israel zugeschrieben, Salomo, dem Sohn des „Messias" David. Im Hebräischen trägt dieses Buch den Titel „Kohelet".[16] Dylans älterer Weggefährte Pete Seeger entnahm einen Text aus dem „Prediger" für sein Lied „Turn, turn, turn", das Mitte der 60er die Byrds in die Hitparaden brachten. Die Byrds wiederum entwickelten sich zu Spezialisten

---

[16]Kohelet heißt in der Lutherbibel „Der Prediger Salomo", in den Septuaginta Ekklesiastes (κλεσιασστής) in der Vulgata „Liber Ecclesiastes".

für Dylan-Songs in rockiger, gitarrenlastiger Popform, am erfolgreichsten mit „Mr. Tambourin Man"[17].

„Turn, turn, turn" hieß bei Martin Luther: „Ein jedes Ding hat seine Zeit". Das ist ein klassischer Weisheitstext. Gerade auch die friedensbewegte 67-er Generation „Love & Peace" liebte den Song „turn, turn, turn", der wie „Blowin in the Wind" gerne an den Lagerfeuern gesungen wurde.[18] Inhaltlich ist dieses Lied aber mehr als ambivalent. In der hebräischen Weisheit geht es kontextuell in Ordnung, wenn Krieg und Frieden als Teile der Realität wahrgenommen werden, die jeweils ihre Zeit haben. Für die Friedensbewegung ist diese Realität aber nicht wertneutral, denn der Friede ist erstrebenswert und der Krieg muss überwunden werden. Aber Musikkonsumenten überhören gerne die Nuancen der Lieder.[19]

Prediger 3,1-8 Ein jegliches hat seine Zeit, und alles Vorhaben unter dem Himmel hat seine Stunde: Geboren werden hat seine Zeit, sterben hat seine Zeit; pflanzen hat seine Zeit, ausreißen, was gepflanzt ist, hat seine Zeit; töten hat seine Zeit, heilen hat seine Zeit; abbrechen hat seine Zeit, bauen hat seine Zeit; weinen hat seine Zeit, lachen hat seine Zeit; klagen hat seine Zeit, tanzen hat seine Zeit; Steine wegwerfen hat seine Zeit, Steine sammeln hat seine Zeit; herzen hat seine Zeit, aufhören zu herzen hat seine Zeit; suchen hat seine Zeit, verlieren hat seine Zeit; behalten hat seine Zeit, wegwerfen hat seine Zeit; hat seine Zeit, zunähen hat seine Zeit; schweigen hat seine Zeit, reden hat seine Zeit; lieben hat seine Zeit, hassen hat seine Zeit; Streit hat seine Zeit, Friede hat seine Zeit.

Gerade wenn man die Zeile „*töten hat seine Zeit, heilen hat seine Zeit*" anschaut, ist die Frage, ob man dem einfach zustimmen kann. Es wirkt so verharmlosend, als sei Töten einfach irgendeine Tätigkeit. Das ist bei „*Geboren werden hat seine Zeit, sterben hat seine Zeit*" anders,

---

[17]Geschmeidig ist ihre Länge: Sie kürzen die Strophen und bleiben damit im Hitparaden-Schema. Das passt natürlich gar nicht zu diesem Song. Aber es klingt eben soooo schön!

[18]Das war auch in meinem Umfeld so. Allerdings konnte ich oft als Einziger den etwas sperrigen Text auswendig. Die Gitarrengriffe wiederum waren recht simpel.

[19]Oder noch krasser: Wenn etwa die Bee Gees ihr "Massachusetts" singen: Der Text ist völlig sinnfrei, aber die Musik so bombastisch, als würde er die Weisheit der Welt transportieren. Siehe auch: V. Schoßwald, The Beatles go Dada, S.76

denn hier ist der Mensch der Passive, der sich den hellen wie den dunklen Seiten des Lebens nicht verschließen kann.

Der Prediger Salomon spürte die Ambivalenz der Suche nach Weisheit. Bei der Erkenntnis angekommen merkte er, dass es doch nichts bringt, weil das fruchtlose strebende Leben weitergeht: Es war alles eitel und Haschen nach Wind.":

Prediger 1,12 Ich, der Prediger, war König über Israel zu Jerusalem und richtete mein Herz darauf, die Weisheit zu suchen und zu erforschen bei allem, was man unter dem Himmel tut. Solch unselige Mühe hat Gott den Menschenkindern gegeben, dass sie sich damit quälen sollen. *Ich sah an alles Tun, das unter der Sonne geschieht, und siehe, es war alles eitel und Haschen nach Wind.* Krumm kann nicht gerade werden, noch, was fehlt, gezählt werden. Ich sprach in meinem Herzen: Siehe, ich bin größer geworden und habe mehr Weisheit gesammelt als alle, die vor mir gewesen sind zu Jerusalem, und mein Herz hat viel gelernt und erfahren. Und ich richtete mein Herz darauf, dass ich lernte Weisheit und erkannte Tollheit und Torheit. Ich ward aber gewahr, dass auch dies ein Haschen nach Wind ist. Denn wo viel Weisheit ist, da ist viel Grämen, und wer viel lernt, der muss viel leiden."

Viele zu wissen bedeutet, immer befangener zu werden, möglicherweise zögerlich, furchtsam, ängstlich. Aber unser Wissen ist und bleibt Stückwerk. Nie wissen wir alles und so ist auch eine altersweise Vorsicht verbunden mit begrenztem Wissen. Jugendliches Ungestüm scheint manchmal eher am Platz. Freilich dürfen wir den Jugendlichen, den jungen Leuten nicht zutrauen, dass sie sich auf Dauer treu bleiben. Oft genug machen sie eine schlechte Erfahrung und werfen dann alle Ideal über Bord, machen sich lustig über die Unbefangenheit ihrer Jugend, anstatt die Stärke mitzunehmen, die in dieser Zukunftsoffenheit steckt.

4.3 „Long time gone": Weiser Mann oder Prophet?

Bob Dylan, ein alter Mann mit über 80. Was soll man da noch sagen? Er hat den Literaturpreis für Literatur bekommen. Das lässt sich nicht mehr steigern – außer vielleicht als Hofdichter in Gottes Palast, untermalt mit der Musik von Wolfgang Amadeus Mozart im Duett mit John Lennon. Es ist schwer, sich in die Jahre um 1963 hineinzuversetzen, ohne Dylans weiteren Werdegang zu ahnen. Es ist unmöglich. Und wie könnte man sich wirklich in einen 25-jährigen Jüngling versetzen, der im Rampenlicht der Öffentlichkeit steht, Text mit Inhalt vermittelt und wegen dieses Inhalts eine Rolle zugeschrieben bekommt: Du bist unser Wortführer, weil Du es so gut formulieren kannst, was wir eigentlich meinen, wollen, fühlen...

Er nimmt bereits 1963 dazu Stellung in „Long time gone": Man kennt ihn. Seine Lieder, seine Texte zitieren viele. Ihm widerfährt die Ehre, beim historischen „Marsch auf Washington" singen zu dürfen, im Kontext der großen Rede von Dr. Martin Luther King Rede „I have a dream" in der versteckten Anwesenheit von John F. Kennedy im Fernsehübertragungswagen.

Zwischenbemerkung: Martin Luther King wird oft zitiert. Es wird viel über ihn geschrieben. Er wird auch oft kritisiert. Eine der Kritiken ist: Er hat abgekupfert, er hat Ideen geklaut! Vermutlich ist da so – ich klaue zum Beispiel ziemlich gerne bei Jesus, ohne ihn jedes Mal zu zitieren. King befindet sich mit Bob Dylan in einer guten Gesellschaft. Auch der hat viel abgekupfert. Angeblich übernahm er das von dem legendären Woody Guthrie. Aber nicht jeder, der geistiges Eigentum klaut, ist damit erfolgreicher als der Urheber. Sie gestalteten etwas Neues aus dem, worauf sie zurück griffen. Bei beiden war wichtig, was sie daraus machten. Sie konnten dem Stoff etwas beigeben, was ihn veränderte. Wenn einer ganz viel Mehl klaut, bedeutet dies nichts, wenn er nicht Wasser und Hefe und ein bisschen Salz hat: Dann wird Brot daraus, obwohl es eigentlich nur gebackenes Mehl ist.

Zurück zu Dylan, der relativ unvermittelt eine Identifikationsfigur der jungen Generation (des weißen US-Amerikas) wurde. „Sag uns, wo es lang geht!" Bei den Rolling Stones flogen Schlüpfer auf die Bühne, aber Dylan wollten die Jugendlichen nicht als Symbolfigur der Männlichkeit ala James Dean, sondern als Wortführer. Er stand für die Alternative zum Establishment. Das Establishment zeichnete sich aus durch seine Heuchelei. Das spürten gerade Jugendliche. Das spüren sie bis heute und da Problem ist, dass dieses Gespür für Heuchelei nicht bleibt, sondern häufig transformiert wird im Lernen, dass Heuchelei wichtig ist für die Karriere. Muss ich notwendiger Weise bemerken, dass ich keine Karriere machte und auch weiß, weshalb?

In der Situation, als Prophet oder gar Messias vereinnahmt zu werden, sang er in "Long Time Gone": „If I can't help somebody / With a word or song, / If I can't show somebody / They are travelin' wrong. / But I know I ain't no prophet / An' I ain't no prophet's son. / I'm just a long time a-comin' / An' I'll be a long time gone."

Vielleicht kann man aus seinen Liedern etwas heraushören, und wenn nicht, dann ist man eben auf dem Holzweg. Aber er weiß, dass er kein Prophet ist.[26]

"Yippee! I'm a poet, and I know it. / Hope I don't blow it." Zischte er sehr selbstbewusst in „I shall free #10". Immerhin schafft es der Poet, der in einem Schwesternheim seine Gedichte vortragen soll, die Oberschwester flachzulegen. Vielleicht ist das Charisma eines Poeten dem eines Propheten gar nicht so unähnlich und oft greifen die Propheten des Alten Testamentes zu literarischen Hilfsmitteln, verwenden literarische Formen.

Einem Poeten wird unterstellt, eine Muse zu haben und dies ist in der griechischen Klassik eine Figur aus der Götterwelt. In den klassischen Darstellungen haben Musen auch eine erotische Seite. Dylans Muse war Anfang der 60er Suze Rotolo[27]. Sie stimulierte ihn für viele soziale Themen und engagierte sich auch nach der Trennung von dem zunehmend sich als Star abkapselnden Bob für diverse soziale Themen, speziell für Bürgerrechte.

4.4 "Masters of war": Geld und Seele

Schon auf seinem ersten Meisterwerk "The Freewheeling Bob Dylan" präsentierte er die "Masters of war": *„When your death take its toll: All the money you made will never buy back your soul."*

Dies ist eine Referenz an Jesus der sagt: „Was hülfe es dem Menschen, wenn der die ganze Welt gewönne, nähme aber Schaden an seiner Seele."[30] Jesu Formulierung ist weisheitlich, allgemein, jeder kann sie auf sich beziehen. Dylan spricht sie zu. Er formuliert für einen individuellen Adressanten. Das ist ein Unterschied. Dylan verkörpert in gewisser Weise das Jüngste Gericht, ohne sich zum Richter aufzuspielen, aber indem er die „Zukunft" vorhersagt. Da ist er dann doch der

---

[26]Als Prophet hingegen fungierte Martin Luther King – und er wusste es. Siehe V. Schoßwald, Martin Luther King – der letzte Prophet. Propheten sind im übrigen Menschen, die eine Weisung, eine Wegweisung von Gott auszurichten haben. Es sind keine zwielichtigen Astrologen, die die Zukunft vorhersagen, sondern sie bringen eine Ansage Gottes in die Gegenwart für die Gegenwart. Wenn diese Ansage erfolgreich ist, wird das natürlich für die Zukunft relevant.

[27]1943-2011. Präsent blieb sie durch das Cover von „The Freewheeling Bob Dylan" (1963), wo sie Arm in Arm mit ihm durch New York schlendert, er allerdings auf der Rückseite irgendwo hin weist, als würde er wie ein Prophet den Weg zeigen...

[30] Übersetzung Martin Luther

„Prophet". „Individueller" Adressat stimmt nicht ganz, denn es geht um eine Personengruppe, es geht um die, die am Krieg verdienen.

Ich arbeite in Nürnberg. Im meinem Kontext agiert die Diehl-Gruppe – 1902 gegründet ist sie älter als die BRD und verdient(e) am Krieg. Töten ist ihr Geschäft, ohne dass sie selbst töten müssen. Mord überlassen die Aktionäre und der Stadtrat anderen. Dabei überleben die Diehls auch besser. Diehl senior, obgleich er die Nazis mit Waffen versorgte, wurde ein Nürnberger Ehrenbürger. 1997: Seinerzeit (für mich noch Gegenwart!) war schon alles klar; Geld regiert auch den Stadtrat und Moral ist käuflich. Im Jahr zuvor war Ludwig Scholz OB geworden, der erste von der CSU. Da ging es dann schnell mit der Ehrung des Nazis und Ausbeuters von Kriegsgefangenen.

Gegründet wurde die Firma 1902. Karl Diehl übernahm die Leitung kurz vor Kriegsbeginn und ließ auch Kriegsgefangene und Zwangsarbeiter für sich schuften, mit eigener Abteilung im KZ Flossenbürg. Zwangsarbeiter, die ihr Soll nicht erreichten, wurden in das Konzentrationslager Auschwitz verbracht und umgebracht. Nach dem Krieg ermöglichte Kriegsminister – Verzeihung: Verteidigungsminister - Strauß (CSU)[31] dem Kumpel Diehl den Wiedereinstieg in das Kriegsgeschäft. In den 80ern profitierte Diehl vom Artillerieraketensystems MLRS und weitete seinen Einfluss durch Lenkflugkörper. Verbotenerweise deklarierte man die Sparte als „Defence".

In Wikipedia lässt sich zudem nachverfolgen, wie Diehl die Bundesrepublik um 'zig Millionen DM betrog, die Nachverfolgungen der Finanzbehörden aber von der CSU-Regierung boykottiert wurden (u.a. Zwangsversetzung der Mitarbeiterin). Überflüssig zu sagen, dass Franz Josef Strauß dick mit Karl Diehl befreundet war. Aber was soll man von Spitzenvertretern einer Partei erwarten, die einerseits als Auffanglager für verdiente Nazis fungierte und andererseits stets beste Beziehungen zu faschistischen Diktatoren unterhielt (Pinochet). „Linke" Diktatoren schätzte die Strauß-Partei ebenfalls (Mao, Honecker). Da redete man eben auf Augenhöhe miteinander.

„Masters of war", in Deutschland gibt es eine Menge Kriegsgewinnler. Krauss-Maffei exportieren keine Musik, obwohl es Peter Kraus und

---

[31] Vorher war er der bisher einzige „Atomminister" und hinterließ unserem Land das bis heute nicht gelöste Problem der „Entsorgung", d.h. bis heute verdienen die Teilhaber an der Autoindustrie Milliarden, während das strahlende Material irgendwo durch die Gegend gefahren wird. Die CSU fährt immer noch hohe Wahlergebnisse ein. – Es gibt wenige Argumente gegen die Demokratie: dies ist eines. Leider gibt es keine realistische Alternative.

Peter Maffei als Künstler gibt. Wie Paul Celan in seiner „Todesfuge" formulierte: *Der Tod ist ein Meister aus Deutschland.*[32]
„*When your death take its toll: All the money you made will never buy back your soul.*" behauptet Bob Dylan übereinstimmend mit Jesus von Nazareth. Aber ist das relevant?

Ob es stimmt, bei Dylan und bei Jesus, ist eine eigene Frage. Was viel Geld bringt, ist offen zu sehen. Was der Schaden an der Seele ist, kann man nicht erkennen und sollte es lieber auch nicht unterstellen, denn es lenkt davon ab, dass böse Menschen in bestimmten Größenkategorien selten zur Rechenschaft gezogen werden – und wenn, dann erlebt man oft genug, wie gut sie sich danach wieder auf der Sonnenseite des Lebens befinden.[33] Mir persönlich bedeutet Jesu Aussage etwas, weil ich mein Seelenleben kenne. Aber für andere ist es völlig irrelevant und sie leben ihr Leben in Freude ohne Gewissensbisse.

Rein physiologisch können dies Mediziner auch belegen. Das Gewissen hat körperliche Grundstrukturen, der Frontallappen des Gehirns und kann eben auch „nicht vorhanden" sein – ein typisches Problem bei Alkoholikern. Böse Menschen können glücklich sein bis ins hohe Alter. Es gäbe höchstens eine jenseitige Strafe. Aber das zu stark zu betonen wäre das berüchtigte „Opium für das Volk", das(der von Gewissensbissen nicht allzu stark heimgesuchte) Karl Marx anprangerte. Dessen Epigonen waren allerdings oft genug die gewissenlosen Bösen, wie sich plakativ an Stalin verdeutlichen lässt.

Kein Wunder, dass Rolf Hochhuth von „furchtbaren Juristen" schrieb.[34] Ein Wunder, dass Richter ihm das Recht bescheinigten, diese Formulierung zu verwenden.

„When your death take its toll: All the money you made will never buy back your soul." Wer wie Dylan mit Gewissen oder Seele argumentiert, macht sich lächerlich in den Augen der Machthaber, der Reichen, der Kriegswinnler. Wer nicht auf eine jenseitige Gerechtigkeit hofft,

---

[32] Steht das „C" in CDU/CSU für Cyanid?

[33] Hitler wurde 1924 als Hochverräter zum Tode verurteilt. Er erstand zwar nicht nach drei Tagen wieder auf, aber er starb auch nicht, sondern wurde nach drei Jahren entlassen. Hitler war in Landsberg am Lech interniert. Später übrigens auch Uli Hoeness vom FC Bayern. Sie sind keineswegs parallel zu sehen, wohl aber die Justiz, die in beiden Fällen sehr verurteiltenfreundlich war – anders als in Fällen sogenannter „Linksextremer".

[34] Hochhuth 1978 über den Nazi-Richter und CDU-Ministerpräsidenten Karl Filbinger. Ausführlicher: V. Schoßwald, „Wer bin ich?" Bonhoeffer, Zeitgenosse und Seelsorger, S.25.54

wird für einen Krieg gegen die Bösen plädieren. Das kann ich keinem verdenken. Das Problem ist nur, dass die Opfer nicht zwangsläufig auch schon gut sind und die Rächer keineswegs immer die Guten. Es gibt zwei klassische Beispiele dafür, dass die Revolution, die gut begründet ist, auch zu den guten Herrschern führt: die Französische Revoltu8ion mit Robbespierre und die kommunistische Revolution mit Stalin als Endprodukt. Mao ist ebenfalls kein gutes Beispiel, Che Guevara ebenfalls nicht und die Geschichte der Schwarzen in den USA nach dem Bürgerkrieg macht nicht gerade Mut. Es ist ein Fehler, an das „Gute im Menschen" zu glauben und es ist ein Fehler, dieses Gute nicht immer wieder appellativ anzustreben.

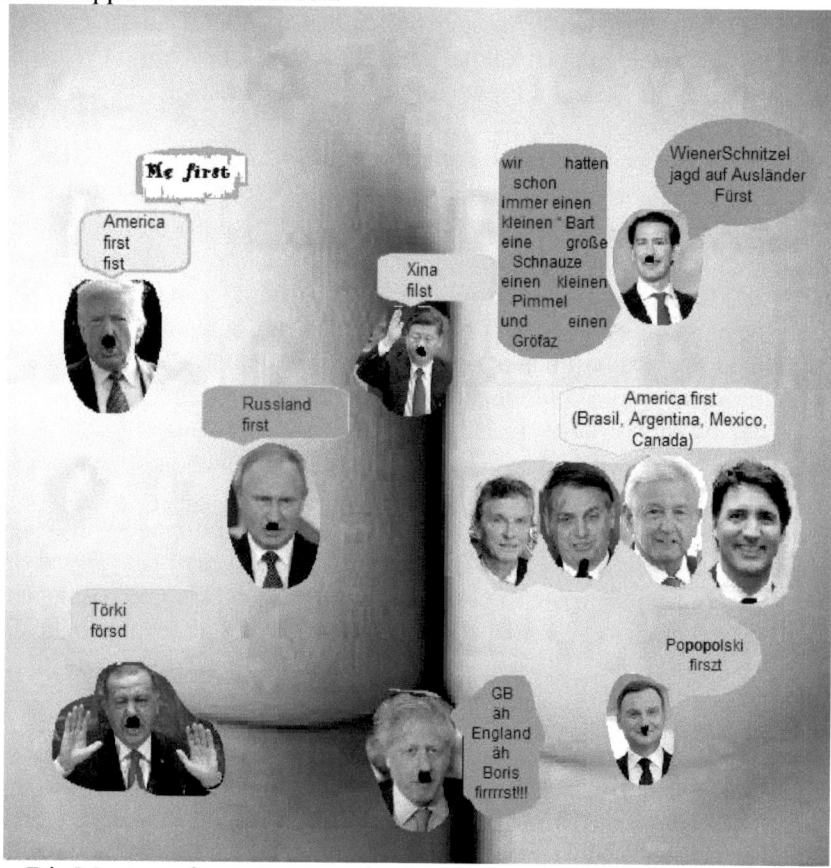

Die Masters of war dort, wo sie hingehören….

4.5 A Hard Rain's Agonna Fall: Die Welle brüllt

Eine eigenartige Form präsentiert Dylan mit seinem großen Werk „A Hard Rain's Agonna Fall". Das Lied von 1963 klingt einfach, wie ein Sing-along-Song. Für den Refrain gilt das auch, aber die Strophen sind eine Herausforderung auch an den Sänger. Er vermehrt pro Strophe die Zeilen. Er bricht seine eigene Struktur auf, indem er die Zeilen vervielfacht. Es mutiert zu einer Litanei. Gegen Ende erklärt er „and I know my song well, before I start singing". Er muss die Struktur und den Text internalisiert haben. Als ich um die zwanzig Jahre alt war, konnte ich das Lied auswendig vortragen. Manchmal brachten mich Assoziationen auf die nächste Zeile, manchmal verselbständigte sich der Übergang, manchmal waren es die Klänge der Wörter, die hängen blieben. Heute schaffe ich das nicht mehr. Dylan schafft es noch... Ich erinnere mich allerdings, dass John Lennon es seinerzeit nicht schaffte, die Strophe zu „Give Peace A Chance" öffentlich vorzutragen. Ihn verwirrte sein eigener Text, der strukturell an „A Hard Rain's Agonna Fall" erinnert.

Dabei haben Dylans Zeilen apokalyptische Tiefe, so dass der „Harte Regen" wie ein Bote der Endzeit wirkt oder vielleicht sogar den „letzten Tag" symbolisiert, den Jom Hahou, wie die Juden in der Tradition ihrer Propheten sagten.

"I've stumbled on the side of twelve misty mountains / I've walked and I've crawled on six crooked highways / I've stepped in the middle of seven sad forests / I've been out in front of a dozen dead oceans / I've been ten thousand miles in the mouth of a graveyard…" "I Heard one hundred drummers whose hands were a-blazin' / Heard ten thousand whisperin' and nobody listenin'" "I saw ten thousand talkers whose tongues were all broken."

Dylan irritiert zunächst durch die Adjektive, die er den Substantiven zuordnet: Traurige Wälder, tote Meere, aber auch das Maul eines Friedhofs, das zehntausend Meilen tief ist. Andererseits reiht er Zahlen aneinander: zwölf, sechs, sieben, ein Dutzend, zehntausend, einhundert... Das sind magische Zahlen, wie sie nicht zuletzt in der Bibel oder in Märchen eingesetzt werden: 12 Stämme Israels und die 12 Jünger, 6 Tage der Schöpfung und der Arbeit, aber sieben Tage, damit es vollkommen wird durch den tag der Ruhe, die sieben Zwerge hinter den sieben Bergen, während hundert oder zehntausend nicht als mathematische Zahlen fungieren, sondern als Symbol für unüberschaubar viel oder gar unendlich.

Weisheitlich stellt er antagonistische Erfahrungen gegeneinander: Verwundung? Durch die Liebe, aber auch durch den Hass. Er notiert, dass die Sicht nur eines einzigen Menschen unvollständig ist. Er sucht das Pendant und findet es in Liebe und Hass.

Es schieben sich die Themen der 50er und 60er hinein: Schwarz soll nur noch eine Farbe sein und nicht den Wert von Menschen darstellen. Und Menschen sollen als Individuen gelten, nicht durch Nummern definiert werden.

Das alles stellt er in einen endzeitlichen Kontext: "I heard the sound of a thunder, it roared out a warnin' / Heard the roar of a wave that could drown the whole world." Das ferne Donnergrollen kündigt das Unwetter an, der Donner brüllt wie ein Löwe eine Warnung heraus, auch eine Welle brüllt und sie könnte die Welt ersäufen. Hier taucht im Hintergrund die Sintflut auf. Aber auf welche Warnung würde eine egoistische Menschheit überhaupt hören?

Die Welle brüllt und Dylan steht schon auf dem Meer, er wird versinken wie Petrus und nicht wie Jesus über das Wasser gehen. Aber er weiß, was er zu sagen hat, er kennt sein Lied genau! Er kennt jedes Wort und den Rhythmus. Und nun schließt sich der Kreis durch den Refrain, dass ein schwerer Regen fallen wird. Er passt zum endzeitlichen Donner und zur verschlingenden Woge. Dieser Regen wird zur neuen Sintflut.

Dylan wurde begeistert aufgegriffen. Die jungen Leute waren fasziniert von seiner Sprachgewalt und fanden sich in seinen Assoziationen wieder. Aber die Bedrohungen der Menschen untereinander, gegeneinander und gegen die Schöpfung sind geblieben.

4.6 "Don't think twice…":Herz oder Seele…

"Mach dir keine schweren Gedanken…" trällert Bob Dylan in dem Liebeslied "Don't think twice…". Er schildert Abschiednehmen und die vergeblichen Versuche seiner Freundin, doch noch an ihn heranzukommen. Aber er will weg!

Und dafür hat er einen wichtigen Grund: Es war Liebe. Er schenkte ihr sein Herz. So sagen wir es in der Liebe. Das stimmt auch: Wer liebt, spürt und fühlt das im Herzen, oft genug körperlich lokalisierbar. Doch Bob unterscheidet: Mein Herz, das gebe ich dir. Aber nicht meine Seele! Die Seele wäre die Persönlichkeit. Hat es einen Sinn, sein Herz zu verschenken, wenn man dann keine Seele mehr hat? Sie will das Falsche und sie will zuviel. Die Seele kann er ihr nicht geben, also gibt er ihr den Abschied und ist schon auf dem Weg. Sie kann da sitzen und sich fragen, warum. Er ist weg. Sie kann das Licht anmachen, damit er den Weg zurückfindet. Aber er ist schon unterwegs. Sie kann seinen Namen rufen, innigstlich, aber er kann sie nicht mehr wirklich hören. Seine Seele, die kann er nicht hergeben.

Dabei singt er on einer doppelten Bewegung. Zum einen entfernt er sich immer mehr von ihrem Haus, zum anderen intensiviert sie ihre Kontaktversuche. Immer deutlicher, immer persönlicher werden ihre Botschaften, immer weiter ist er weg. Er ist on the dark side of the road, wo er zwar das Licht sehen kann, aber sie ihn nicht erkennt.

Sie kann sich fragen, warum es soweit gekommen ist. Aber diese Frage ist inzwischen irrelevant, it don't matter anyhow. Es spielt keine Rolle mehr angesichts des Ergebnisses. Der Hahn kräht und kündigt den Morgen an, aber es ist der Morgen einer anderen Zeit, denn wenn sie aus dem Fenster schaut, ist er längst weg.

Insgeheim wünscht er sich, sie könnte irgendetwas unternehmen, was ihn umkehren lässt, aber es gibt nichts mehr.

Auch wenn sie jetzt seinen Namen ruft, erreicht sie ihn nicht mehr. Auch wenn sie ihn jetzt in einem ganz anderen Ton ruft, in einem innigeren, ist es zu spät. Als seine Liebe zu ihr jung war, liebte er sie als Frau, die doch irgendwie ein Kind war. Aber die Liebe, die aus seinem Herzen kam, reichte ihr nicht: Sie wollte ihn ganz, wollte seine Seele.

Bei einem sehr auf sich konzentrierten Menschen wie Robert Zimmermann ist das wie eine Kriegserklärung. Liebe Ja, Identitätsverlust nein. Und so ist er unterwegs, weiß nicht einmal, wo er hinzieht. Selbst der Abschiedsgruß müsste so sein, dass er endgültig ist, nicht „Auf Wiedersehen", sondern „Lebwohl!".

Er ist unterwegs. Warum? Wegen ihr. Aber leider nicht zu ihr hin, wie sie es sich wünscht, sondern er ist auf der Flucht vor ihr. Sie wollte zu viel Nähe. Sie erntet Ferne. Sie hat ihn nicht einmal schlecht behandelt, obwohl es hätte besser laufen können. Aber er fühlt, er hat bei ihr, durch sie wertvolle Lebenszeit verloren.

Das Herz geben, nicht die Seele, die Liebe des anderen spüren, nicht seine Seele besitzen wollen, das sind die weisheitlichen Gedanken, die sich in diesem Lied entfalten.

4.7 Love is just a Four Letter Word: Ich denke nur mit meinen Maßstäben

„Liebe ist nur ein Wort mit vier (im Deutschen fünf) Buchstaben". Dylan schildert seine vage Beziehung zu einer jungen Frau, die ein Kind mit einem anderen Mann hat. Er hört in einem Café, unbemerkt von ihr, dass sie erklärt, Liebe sei nur ein Wort mit fünf Buchstaben. Er findet das absurd. Aber sie steht zu ihrer Vorstellung.

Dylan führt ein inneres Zwiegespräch und erkennt: „I can only think in terms of me / And now I understand..." Er kann nur in seinen eigenen Kategorien denken. Die Welt dieser jungen Frau ist ihm fremd, so fremd, dass er sie für völlig unverständlich hält.

Ich kann nur in meinen eigenen Kategorien denken. Das ist Weisheit, zu der durchaus Reflexion gehört. Denn oft genug setzen wir voraus, dass andere genau dieselben Maßstäbe haben wie wir. Und dann sind wir irritiert, wenn sie anders reagieren. Wenn wir uns gegenseitig darauf hinweisen, wie unterschiedlich wir denken, von welchen Unterschiedlichen Plattformen aus wir miteinander reden, dann gehen wir auf die sogenannte Meta-Ebene. Wenn beide Seiten verstehen, dass sie so etwas tun, kann das sehr produktiv sein. Man muss aber wissen, was man tut, wenn man sich quasi auf eine Ebene über das Geschehen stellt und sich anschaut, unter welchen Prämissen hier gehandelt und geredet wird und dass diese Vorgaben nicht deckungsgleich sind.[35]

Er sitzt also in einem Café in New York, unbemerkt von vielen und beobachtet das Geschehen, hört manches unbedachte Wort, registriert manche Plattitüde, die als Weltweisheit dahergeschwommen kommt. Die junge Frau ist eine junge Mutter. Sie hat ein kleines Kind auf dem Schoß. Und das kleine Kind wird ihre Worte aufnehmen wie das Wissen der Welt durch die goldene Quelle. Die Autorität der Mutter, legitimiert durch nichts, außer dass sie die Mutter ist, wird die Vorgaben geben für den Lebensweg des Babys, des Kindes, des Jugendlichen. In dieser Weltsicht spielt die Liebe nicht die Rolle, die der Liebe gebührt, sie wird reduziert auf die Buchstaben, auf den Wortklang, als gehöre sie nicht zur Seele. Nach meinen Kategorien, da teile ich die Sicht von Dylan ist dies ebenso falsch wie dumm. Aber Dummheit schützt nicht vor Kinderkriegen und Kinderkriegen berechtigt zu Erziehung. Eine fatale, wenngleich natürliche Komponente der Menschheit. In der „DDR" versuchte . an, hier gegenzusteuern und nahm den Frauen die

---

[35]Manche US-Amerikaner setzten voraus, wenn sie hören, dass ich ein Pfarrer bin, dass ich selbstverständlich die Evolutionstheorie ablehne. Das stimmt überhaupt nicht (siehe mein Buch „Wir waren doch auf dem Mond"), weil ich davon ausgehe, dass unser Schöpfer uns zum Verstand hat entwickeln lassen und wir diesen auch gebrauchen sollten, wenn wir uns nicht an ihm versündigen wollen. Hier ist die Meta-Ebene wichtig, damit man sich klar macht, dass die Ausgangspunkte der Gesprächspartner keineswegs deckungsgleich sind, sondern in diesem Fall sogar kontrovers.

Kinder weg, schickte die Frauen in die Arbeit und die Kinder in die Krippe. Ideologisch hatte dies schon Hitler angekündigt. „Der National-sozialismus wird sie ihr Leben lang nicht loslassen!" forderte er in seiner Rede zur Erziehung im „Dritten Reich". Wenn nicht die Mütter oder der Staat, wer sollte dann erziehen? Die Frage müssen wir offen lassen, da sich die moralische, emotionale und geistige Integrität nicht steuern lassen.

Liebe ist in der Tat nicht nur „ein Wort", wie Johannes Mario Simmel bereits 1963 einen Roman betitelte, während Dylan diese Lied 1965 schrieb. Liebe ist ein Wort mit einer umfangreichen Realität. Die Realität ist so umfangreich, dass es im griechischen Kontext sogar drei Synonyme gibt, die keineswegs deckungsgleich sind: Sexus, Eros, Agape. Dazu kommt noch die Philia. Eine Liebe, die eher freundschaftlicher Natur ist, vielleicht sogar die, die platonisch genannt wird, hat ebenso Substanz wie der Sex, der sich auf die körperliche Anziehung bezieht. Beim Eros ist dieses tiefe Liebesgefühl auch da, aber es hat nicht die körperliche Dimension, kann sich beispielsweise auf die Beschäftigung mit Inhalten beziehen. Agape wiederum gehört zu einer anderen Ebene und beschreibt das Zwischenmenschliche. Wenn es für dies alles nur ein Wort, nämlich „Love" gibt, ist dies eine sprachliche Verarmung. Von dem Gespür dafür lebt das Lied von Dylan. „Love" ist mehr also nur eine schmale Dimension zwischenmenschlicher Beziehungen.

4.8 "Love minus zero": no success like failure

"Liebe ohne Abzug" nennt Dylan das Lied. Er redet von der Kommunikation im Alltag, in den Billig-Läden und den Bushaltestellen, wo Menschen die Lage besprechen. Sie machen sich kundig über Bücher, erzählen sich von Bewertungen, schreiben Schlussfolgerungen an die Wand. Aber es bleibt ein seltsames Ergebnis: Es gibt keinen Erfolg, der so erfolgreich ist wie Misserfolg. Das wäre ein Widerspruch in sich selbst, der zum Denken veranlasst. Gemeinerweise nimmt Dylan seinen Zuhörern das Denken ab und erklärt: Misserfolg ist überhaupt kein Erfolg! Seiner Liebe legt er eine Erkenntnis in den Mund, die sie sanft ausspricht: „There's no success like failure; and failure's no success at all."

"There's no success like failure; and failure's no success at all." Das ist ein Typus der Weisheit: Aus dem Leben ergeben sich Wahrheiten, die der Weise erkennt. Er kann sie dir sagen, dann hast du an der Weisheit des Weisen Anteil. So fühlte ich mich als jugendlicher Hörer von Dylan.

Ich habe das Falsche zu Ende gebracht, mein Erfolg ist der Erfolg im Scheitern. Aber Scheitern ist kein Erfolg.

Das würde zum Zentrum des christlichen Glaubens passen: Der Mann aus Nazareth, den man für den Messias, also den kommenden König der Freiheit hielt, scheiterte am Kreuz. Das war kein Erfolg.

Wodurch aber wurde Jesu Scheitern zum Erfolg? Immerhin hat sich daraus eine erfolgreiche, weltumspannende Religion ergeben. Das Zeichen dieser Religion ist keineswegs die Sonne als Symbol der Auferstehung, des vollendeten Lebens, sondern die Anhänger dieser Religion wählten als Zeichen das Kreuz.

„She knows too much to argue or to judge…" Streit braucht Argumente, Richten erfordert Kenntnisse, aber wenn sie so viel weiß, wie sie weiß, merkt sie, dass sie nicht mehr streiten und richten kann, denn sie kennt die Komplexität.

Ein halbes Jahrhundert später, eigentlich sogar schon zwei Jahrzehnte später führt diese Grunderfahrung in verschiedene Sackgassen. „New Age" erhob den Anspruch, alles vernetzt zu denken. Doch selbst Computer scheitern an zu komplexen Aufgaben. Die Überforderung durch Komplexität führte zu esoterischen Lösungen, die Teilwahrheiten für das Ganze nahmen und nehmen. Viele verweigern sich einfach und kapitulieren. Wenn es um Entscheidungen fundamentaler Art geht (etwas Klimawandel, Kriegsgefahr) führt diese Kapitulation direkt in den Untergang.

Die Menschen, die er beobachten kann, beschreibt Dylan sehr prägnant in seinem Song. Leute sprechen über die Lage, vertiefen sich in Bücher, zitieren Bemerkungen, schreiben Lösungen an die Wand und manche sprechen von der Zukunft. Seine Liebe aber murmelt zärtlich. Doch sie gleicht einem Raben an seinem Fenster mit einem gebrochen Flügel. Sie kann nicht fliegen, sie braucht Schutz und Fürsorge.

4.9 Maggie's Farm

Das Lied eines frustrierten Farmarbeiters. Die Farm gehört Maggie und auf ihrer Farm will er nicht mehr arbeiten. Er will auch für all die Leute dort nicht mehr arbeiten und bringt für jeden einen anderen Grund, was ihn an ihm stört, nervt... Der zentrale Satz lautet dann: Ich versuche, so gut ich kann, ich selbst zu sein. „I try my best to be just like I am, but everybody wants you to be just like them…" Aber jeder will, dass ich so bin wie er / sie...

Für manche ist dies eine unbewältigbare Lebensaufgabe: Sei du selbst. Von Klein auf werden wir mit Erwartungen konfrontiert, wie wir zu sein hätten. So, wie das ideale Kind der Nachbarn. So, wie Mama immer war. Anders als der Vater, der mit sich nicht zufrieden ist und sich ein Kind wünscht, das alles besser macht als er.

Das ist eine weisheitliche Themenstellung: Die Beobachtung, das jeder sich als Individuum entwickeln will. Das Kind will sich durchsetzen. Aber nicht jedem Kind ist es in die Wiege gelegt, auch gegen Widerstände sich treu zu sein. Und nicht alle Eltern realisieren, dass ein Kind bereits eine eigenständige Persönlichkeit ist, die sich zwar noch entwickelt, aber bereits ein einmaliges Wesen ist. Das ist auch der Kern der Botschaft Jesu: Gott, das Leben an sich wollte dich so, wie du eigentlich bist. Deswegen wiegen auch deine Fehlleistungen nicht so viel, dass die Liebe des Lebens zu dir nicht stärker wäre.

Der Arbeiter beschließt, aus diesem Kontext weg zu gehen wo die widersprüchlichen Erwartungen ihn erdrücken. Er sucht seine Identität. Er möchte er selbst sein und nicht das Abbild inkongruenter Erwartungen, die nichts mit ihm zu tun haben und wobei die anderen auch kein echtes Interesse an seiner Person haben.

4.10 The Mighty Quinn: Ich will wie die andern sein

Schier das Gegenteil von „Weisheit" scheint „The Mighty Quinn", eines von Dylans erfolgreichsten Werke. Manfred Mann, ein Musiker mit jazzigem Hintergrund, landete damit einen Nummer Eins Hit, bevor Dylan das Lied selbst veröffentlichte. Dylans Version auf „Selfportrait" ist keineswegs chartsverdächtig, wirkt wie ein halbherziger Versuch, nach dem er aufgegeben hat. Der Version von Manfred Mann fehlt allerdings das Anarchische, das in Dylans Werk steckt. Der Text ist genial, die Musik ist perfekt und damit konnte „Quinn, the Eskimo – the Mighty Quinn" ein Song für die Ewigkeit werden. Immerhin schaffte Manfred Mann das außerordentliche Phänomen, dass dieser Song in einer zweiten, einer „Live"-Version mit einem vom Publikum begeistert mitgesungenen Refrain noch einmal eine Nummer Eins wurde und in gewisser Weise ein „Evergreen". Trotzdem ist es kein weisheitliches Opus.

Mit der „Weisheit" verbunden ist „Quinn, the Eskimo" durch den stetigen Verweis darauf, was jeder tut. „Everybody's...". Aber er bringt nur Beispiele davon, was allenfalls wenige tun. Keineswegs baut jeder Schiffe. Dafür hätte Dylan vielleicht seinen Zeitgenossen Aristoteles „Ari" Sokrates Homer Onassis[36] benennen können, aber nicht Otto Normalverbraucher...

---

[36] Onassis, Ölflottenmillionär, wurde 1968 der Mann von Jacky Kennedy, nach seinen eigenen Worten der größte Fehler seines Lebens. In diesem Zusam-

Allgemein könnte eher das gelten, was er nur für sich beansprucht: „I I like to do just like the rest, you know I like my sugar sweet". Die Aussage ist aber sehr kryptisch. Gerade Bob Zimmermann wird kaum von sich sagen könne, dass er sich wie alle anderen verhalten will. Er ist in sozialer Hinsicht durchaus ein Exot. Wenn er das Verhalten, dass er mit anderen teilt, auf die Süßigkeit von Zucker reduziert, wird es gelingen. Der Sinn von Zucker ist Süße. So what?! Das wird man mit anderen gemeinsam haben. Aber der Rest? Tauben füttern bei den Bäumen? Dann erscheint Quinn, der Eskimo als eine Gestalt, die mehr als fiktiv ist, dank Anthony Quinn, mit einem schwachen Anklang an "Psycho" von Alfred Hitchcock, und die Tauben rennen zu ihm, anders als „Die Vögel" bei Hitchcock. Allerdings spielte gerade dieser Anthony Quinn 1960 einen Eskimo in „The Savage Innocents".

Nonsense oder „dada"[38]? Er kann das Miauen einer Katze nachmachen und die Muhen einer Kuh. Aber alles macht keinen Sinn. Hier stolpert der Prophet in etwas, was man Nonsense nennen könnte, aber seine Zeilen erreichen Tiefenschichten. Es lohnt sich, sie zu analysieren, aber es gibt kein vordergründig kognitives Ergebnis.

4.10.1 Religiöser Einschub: The Mighty Quinn

"Everybody's building big ships and boats" Jeder baut große Schiffe. Bei einem Dichter wie Bob Dylan, der seine Wurzeln im Alten Testament hat, kann man an die Arche Noahs denken.

Jeder baut sich seine Arche... um die Flut zu überleben. "Some are building monuments": Manche bauen sich beeindruckende Denkmäler, die sogar den Tod überleben. Wirklich? Ja, es sind Früchte der Verzweiflung: „Everybody's in despair", singt der Künstler... Diese Monumente erinnern an die Türme von Babel, durch die eine Himmelsherrschaft gebildet werden sollte und die zusammenstürzten... Stürzten nicht auch die Türme der Welthandelsgesellschaft 2001 bombastisch zusammen? War da nicht jeder „in despair", zumindest in den glorreichen USA, zu denen sich der Künstler immer wieder patriotisch bekennt. Auf der einen Seite bauen „die Amis" gigantische Wolkenkratzer – sie nennen sie noch großmannssüchtiger „skyscraper", weil sie nicht nur zu Wolken, sondern auch in den Himmel reichen -, andererseits ist es eine paranoide Nation, die aus ihrer imperialistischen Vergangenheit

---

menhang erklärte er auch. „Wenn jemand sagt, mit Geld sei alles zu kaufen, zeigt er, dass er nie welches gehabt hat.".

[38] Vielschichtiger analysiert bei V. Schoßwald „Alles DADA? DADA ist wieder da".

seit dem Landraub an den Ureinwohnern und an deren Vernichtung emotional gelernt hat, dass man immer Angst haben muss, verfolgt zu werden. Diese Paranoia beschrieb Dylan schon sehr früh in „John Birch Society". Dieser Kritiksong über einen Mann, der an Verfolgungswahn litt, wurde von der Plattenfirma nach der ersten Auslieferung doch noch von der Platte genommen. Auch bei der TV-Show von Ed Sullivan durfte er den Song nicht präsentieren, woraufhin er konsequent seinen Auftritt absagte. Seinem Image hat es vermutlich eher genützt, aber damals war es seiner Popularität abträglich.

Bei Mighty Quinn singt Dylan: „Sag mir, wo es dir weh tut - und ich sag dir, wen du anrufen musst." Doch das ist Sarkasmus. Diese Ratschläge sind zu platt, also ergänzt er: „Meine Lösung ist es nicht, Rauch in Schach zu halten." Das kann man nämlich nicht...

Die Arche Noah kann sich keiner bauen. Da braucht man nicht nach Fukushima zu schauen. Auch wenn Du ein ganz braves Leben führst, rettet es dich nicht. Und so wartet in seinem Lied der Dichter auf den Gaukler, der alle zum Tanzen bringt, ohne die Probleme zu lösen. Denn wenn Quinn, der Eskimo, erscheint, fangen alle an zu tanzen, wie bei Mr. Tambourinman. Aber ist der Tanz auf dem Vulkan die Lösung?

Als Jesus am Kreuz hängt, sterbend, macht ein Gaffer den Witz: „Du hast doch gesagt, dass du Gottes Sohn bist, also steig vom Galgen herab!" Er hatte die Lacher auf seiner Seite und der Tod lachte bei ihnen mit.[39] Den Namen des Witzereißers kennt niemand mehr. Der Tod hat ihn dem Nichts gleichgemacht. Doch den Namen des Getöteten kennt fast jeder, zumindest dem Namen nach. Dylan nennt ihn öfters, gerade

---

[39] Eine analoge Szene spielte sich bei den antichristlichen Exzessen der Türken 1916 ab. Sie entweihten eine Kirche auf schweinische Weise und lachten dann: „Was für ein schwacher Gott, der sich hier nicht wehrt!" Genauer in: Volker Schoßwald, Rekrut am Rande eines Völkermords, S.37. Hier dokumentiere ich Beobachtungen von „neutraler" Seite aus meiner eigenen Familie. Diese antichristlichen Exzesse im Zusammenhang mit der türkischen Staatsgründung gehören zum Genozid an den Armeniern. Dieser Völkermord wird von der Türkei und der sich artikulierenden Bevölkerung bestritten. Wer ein historisches Geschehen dieser Dimension bestreitet, macht sich eins mit den Tätern und wird dadurch selbst als Nachgeborener zum Mittäter, nicht nur, wenn es um den Genozid der Türken geht. Hitler berief sich auf diesen Genozid, als er erklärte, um die von den „Deutschen" ermordeten Juden würde sich ebenso wenig jemand kümmern wie um die von den Türken ermordeten Armenieren. Ich setze „Deutsche" bewusst in Anführungszeichen, weil viele der „jüdischen" Opfer ebenfalls Deutsche waren.

auch in „with God on our side": „…that Jesus Christ was betrayed by a kiss…"

"The Mighty Quinn" gehört auf jedes Konzert für die alten Fans…

4.11 Like a Rolling Stone: Du solltest nicht andere Leute deine Tritte für dich einstecken lassen

Am 20. Juli 1965, genau 21 Jahre nach dem missglückten Attentat von Stauffenberg auf Hitler veröffentlichte Dylan "Like a Rolling Stone"[40]. Er redet mit einer junge Frau, die sich auf einmal auf jener Seite wiederfindet, die sie vorher verlachte. US-amerikanischen Werten entsprechend trat sie ihrer Umwelt mit einem verlogenen Weltbild gegenüber, als wäre sie dank ihres sozialen Hintergrundes besonders viel wert. In diesen Paradigmen geht es nie um die Menschen, deren Wert beschrieben wird, sondern um die Rollen, die Menschen einnehmen. Stellvertretend für die „Persönlichkeit" gibt es die „Statussymbole". Du bist wie das Auto, das du fährst. Du bist wie das Konto, über das du verfügst. Du bist wie das Haus, das du bewohnst. Dylan nennt als Beispiele den Cadillac und die Siamkatze. Das passt zu den weitverbreiteten faschistoiden kollektiven hohlen Selbstbildnissen, die dann lebensgefährlich für andere werden, wenn sie sich Mehrheiten schaffen.

Auf den Tag genau vier Jahre nach der Veröffentlichung von „Like a Rolling Stone", am 20.7.69 landeten die Amis auf dem Mond. Sie hissten dort die US-Flagge, die heute dort noch im Wind weht. Das ist natürlich ein Fake, denn auf dem Mond gibt nun mal keinen Wind.

In „I shall be free No.10" schilderte Bob 1964 die Szene, dass ein Ami auf dem Mond landet und dort oben feststellt, dass die Russen

---

[40] Highway 61 Revisited

44

schon da waren. Hier bediente Dylan 1964 die US-Paranoia, irgendjemand würde ihnen irgendwo zuvor kommen, sie wären nicht die Ersten, die Besten und die Größten.

In „I shall be free', noch zu Lebzeiten John F. Kennedys erschienen, erzählt er: „It's President Kennedy callin' me up. He said, My friend, Bob, what do we need to make the country grow? I said my friend, John, Brigitte Bardot." Der Vorschlag ist skurril, weil gerade Brigitte Bardot keine US-Amerikanerin war – und Dylan lässt gleich Anita Ekberg folgen. Die Chance für die USA besteht in attraktiven Frauen aus dem Ausland. Kennedy selbst werden etliche Affären nachgesagt, z.B. zu Marilyn Monroe, die ihm sogar ziemlich sexy per TV zum Geburtstag gratulierte.

In „Like a Rolling Stone" landet tatsächlich ein Mädchen der Oberschicht ganz unten. Das ließe sich auch kollektiv übersetzen. Dylans Song enthält eine Warnung an die Gesellschaft, die er oft genug als „hypocritic", „heuchlerisch" etikettierte. Damit hatte er Recht. So sind die Amis! Äh, die Deutschen! Äh, äh, die Türken! Äh, äh, äh, die Russen! Ähäääääääh.... Alles dada: Heuchelei könnte ein nationales Phänomen sein. Aber eben bei allen Nationen.

"You used to laugh about / Everybody that was hangin' out / Now you don't talk so loud / Now you don't seem so proud / About having to be scrounging for your next meal." Der Dichter skizziert eine Szene, in der Gegenwart und Vergangenheit konfrontiert werden. Das Weisheitliche steckt in dieser Konfrontation: Überlege dir, über wen du dich lustig machst, auf wen du herabschaust, wenn du realisierst, dass du auch in eine solche Situation kommen könntest. Das wehren viele lächelnd ab: „So werde ich nie! Soweit singe ich nicht ab." Doch darin steckt genau das Problem: Erkenne dich in dem, den du siehst und den du verachtest. Was trennt dich von ihm, wenn nicht die glücklichen Umstände? Hier ist Dylan ganz nahe an Jesus von Nazareth, der die gutsituierte Überheblichkeit als feindliches Gegenüber realisierte.

Er singt zum Fräulein Einsam: Du hast die beste Schule besucht und nie gelernt, wie man lebt, wenn man alles verloren hat. Jetzt aber musst du damit leben...

Interessanterweise gehört diese Lied in die Konflikte von Dylan mit seiner Fan-Gemeinde. Das Wort „Gemeinde" steht hier für eine quasi - religiöse Gruppierung. Dylans „Gemeinde" waren die „Folkjünger". In diesem Lied, das eine Assoziation zu einem klassischen Blues aufgreift[41], wird Dylan „elektronisch". Ein Affront für alle, die sich zu

---

[41] Muddy Waters, „Rolling Stone Blues"

einer akustischen Gitarre grade noch eine Mundharmonika vorstellen konnten. Auf einmal war er heimatlos. Die klassische Szene spielte sich beim „Newport Folk Festival" ab. Für ihn wurde die Zeile „To be without a home" fast schon sinnbildlich, denn er verlor seine Heimat in der Folkszene, die sich elektrisch verstärkte Gitarren nicht vorstellen konnte.

Eine weisheitliche Sentenz erscheint, als er der Protagonistin vorwirft, sie würde die inneren Gesetze der Gerechtigkeit nicht verstehen: „Du hast nie verstanden, dass es nicht gut ist, dass andere Leute für dich getreten werden", also aufgrund deines Verhaltens leiden müssen. Hier postuliert der Dichter, dass es eine Gerechtigkeit gibt, die jenseits menschlicher Erfolgswertungen wirksam wird.

Seinen klassischen weisheitlichen Satz präsentiert Dylan mit „When you got nothing, you got nothing to lose". Das erinnert an die Zeile aus "Me and Bobby McGee": "Freedoms just another word for nothing left to loose."[42] In dieser Erkenntnis steckt viel Wahrheit und viel Weisheit, und dennoch muss genau darüber diskutiert werden, denn man hat zwar nichts zu verlieren, wenn man nichts hat, aber das Sagen haben eben die, die viel haben, die theoretisch auch viel verlieren könnten, aber oft die Erfahrung machen: Die Reichen schützen sich gegenseitig, um nicht selbst zu den Losern zu gehören. Das konkretisiert Dylan ein Stück weit, indem er an das „Du hast nichts mehr" anfügt: „Du bist jetzt unsichtbar. Du hast auch keine Geheimnisse, die du verstecken könntest." Natürlich hätte sie Geheimnisse, die sie verstecken müsste, nämlich das Geheimnis, nichts mehr zu haben. Bei manchen funktioniert das wunderbar. Sie waren reich und einflussreich, dann verloren sie, ohne das es bemerkt wurde, alles, blieben aber einflussreiche. Bis sie eben jenes Geheimnis lüften mussten, mittellos zu sein.

4.11.1 Religiöser Einschub: Like a Rolling Stone

In "Like a Rolling Stone" vergleicht sich Bob Dylan mit einem herabrollenden Stein, den Gesetzen der Schwerkraft machtlos ausgeliefert. Dylan kontrastiert das genussreiche und gedankenlose Leben eines reichen jungen Menschen mit dem eines Bettlers, eines Straßenkomödianten. Dieser trägt die Kleider auf, die der Reiche einst trug. Wir gewinnen die Vorstellung, dass der Film rückwärts läuft, dass der Arme zum Reichen wird, indem man das Leben zurückspult. Bringt dich das zum

---

[42] Ich habe mir erlaubt, meinen Abituraufsatz in Deutsch anzufügen, wo ich genau diese Zeile von „Me and Bobby McGee" aufgriff: „Freedom's just another word for nothing left to loose"

Nachdenken? „Nie hast du verstanden, dass es übel ist, wenn andre die Tritte für dich einstecken..." singt Dylan und spielt auf das Gleichnis vom armen Lazarus an, das Jesus einst erzählte.

Dann läuft der Film in die Zukunft. Du bist der, der auf die Schattenseite des Lebens gerät, der Tritte erhält, die andere verdient hätten, der Tritte erhält, die du verdientest, als du auf Kosten anderer gelebt hast.

„How do you feel", näselt Dylan: „Wie fühlst du dich, wenn du niemanden mehr hast als dich allein? Ohne ein Daheim? Wie ein rollender Stein?" Da ist Bob Dylan ganz nahe an den Geschichten Jesu, der erzählt, wie der Reiche ins Leere greift, weil der Tod sein Hab und Gut in Nichts verwandelt. Wie fühlst Du Dich... so ganz allein? Ist der Reiche also eigentlich der Arme?

4.12 Highway 61 revisited: Böse Spiele ungestraft

Unter allen Alben Dylans nimmt „Highway 61 revisited" eine Sonderstellung ein. Es ist vielleicht wie „Sgt. Pepper" für die Beatles. Auch wenn vorher oder nachher geniales erschien, so trifft dieses Album auf eine Generation, die ihre Welt gerade neu erfunden hat. Nicht nur die Musik hat sich geändert, der ganze Lebensstil hatte neue Formen angenommen. „Highway 61 revisited" stellt das nicht dar, reflektiert dies nicht, bringt dies nicht zum Ausdruck, sondern passt hinein in das Ganze, wird zum unverzichtbaren Bestandteil der neuen Kultur.

Wir könnten uns hier jeden Song vornehmen43. Aber ich möchte mich auf wenige beschränken. Dazu gehört der Titelsong. Er beginnt mit einer religiösen Assoziation: Abraham soll im Auftrag Gottes seinen Sohn töten. Eine obskure Geschichte und Dylan lässt Abraham endlich mal angemessen reagieren: „Du willst mich wohl anmachen!" Aber Gott meint: „Pass nur auf: Wenn wir uns das nächste Mal begegnen, suchst du besser das Weite" Und Abraham gibt klein bei, fragt nur noch nach dem Ort des Tötens und Gott erklärt ihm: „Highway 61".

Dieses Klein-Beigeben ist hier das Große im Text, denn eigentlich müsste man stolz sein auf jemanden, der diesem blutrünstigen Gott die Stirn bietet. Der originale Text der Bibel wird von den Alttestamentlern inzwischen kulturgeschichtlich so interpretiert, dass dies das Ende von Menschenopfer darstelle – Isaak, der Sohn, wird am Schluss nicht geopfert, sondern stellvertretend für ihn ein Tier. Nichts desto trotz berufen sich immer wieder Mörder darauf, dass Gott von ihnen fordere, Menschen zu töten. Das eindrucksvollste, weil weltweit im Fernsehen über-

---

43Bei Sgt. Pepper habe ich dies getan und jeden Song auf seine Weise dieser „Sgt. Pepper-Generation", zu der ich mich zähle, zugeordnet.

tragene Beispiel war vermutlich der Flug der islamistischen Attentäter in die Türme des World Trade Center. Immerhin hatten sie sich vorher für ihren Gott fein gemacht, um anständig im Paradies anzukommen. Ihr Massenmord wurde durch das Opfer des eigenen Lebens zur Märtyrertat stilisiert. Dylan hätte dieses Beispiel von 2001 noch in sein „with God on our side" aufnehmen können.

Einige Strophen später schwelgt Dylan wieder in poetischer Zahlenmystik: Die fünfte Tochter in der zwölften Nacht sagt dem ersten Vater, das etwas nicht stimmt, sie wohl schwanger ist. Er meint, das müsse sie der zweiten Mutter sagen, aber die war mit dem siebten Sohn auf dem Highway 61. Die Zahlen scheinen bedeutungsvoll, aber ihre Bedeutung erhalten sie nur durch ihre Häufung und ergeben in sich nichts, was man „Sinn" nennen könnte.

Krass wird es in der letzten Strophe, wo es einem Spieler langweilig wird und er sich denkt, er könnte einen Weltkrieg entfachen. Dazu braucht er einen Promoter, der zwar schockiert, weil er so etwas noch nie gemacht, dann aber kreativ weiterdenkt und einen Plan entwickelt, der funktionieren könnte. Ein Weltkrieg zum Zuschauen mit „bleachers in the sun on Highway 61". Heute – ich schreibe im März 2022 – könnte man sich fragen, ob es Putin langweilig war, so dass er den sinn- und aussichtslosen Krieg gegen die Ukraine eröffnete, das Nachbarland überfiel und sicherheitshalber mal seine Existenzberechtigung bezweifelte. Die Fernsehzuschauer auf der ganzen Welt könnten zuschauen und bräuchten nicht extra ein paar Stühle auf dem Highway 61.44

Dylan schildert abstruse Szenen, aufregend aktionsreich und bringt diese Highway 61 in die Absurdität des Lebens. Camus, zu diesem Zeitpunkt bereits absurd tödlich verunglückt, hätte das bestimmt goutiert. Die Szenen, auch die tausend Telephone, die nicht klingeln und dann auf dem Highway 61 entsorgt werden, sind verstörend unsinnig, in sich aber nachvollziehbar und bilden somit eine gestörte Welt ab.

Die Musik ist aufregend. Pfeifende Töne bestimmen irritierend den auf einem Boogie basierenden Rock. Das Piano wird knallhart behämmert, ebenso die elektronische Orgel.

4.13 Motorpsycho Nightmare: Der verlogene „anständige" Farmer

---

[44]Die Szenerie erinnert an „per Anhalter durch die Galaxis", wo es Eintrittskarten für ein Theater gibt, in dem man dann in gepolsterten Stühlen den Weltuntergang wie auf einer Bühne betrachten kann.

Dylan konfrontiert sich hier mit der US-Landbevölkerung. Da spielt die Höhlenmenschenmentalität hinein, die sich in der Selbstverständlichkeit des Gebrauchs einer Schusswaffe widerspiegelt. Angeblich soll diese dem Schutz dienen, aber sie dient der Aggressivität gegen alles andere. Sie dient der Verteidigung des begrenzten US-Farmer-Horizonts und ist legitimiert durch die Tradition des Landesraubes bei der Besiedlung Nordamerikas durch Europäer. Die Basis des US-Selbstverständnisses ist die Mentalität von Räubern, die sich nehmen dürfen, was sie wollen und dann verteidigen dürfen, was sie geraubt haben. Solch einem Typen begegnet Dylan. Er weiß um die Gefahr und schleimt sich ein, indem er sich als „Doctor" und als „clean cut kid" präsentiert, mit einem braven Haarschnitt, glatt geschnitten, der die Angepasstheit demonstriert.

Die Tochter dieses Farmer sieht aus, als käme sie aus „La dolce vita", diesem „freizügigen" Film, de so gar nicht in die evangelikale Weltsicht der US-Landbevölkerung passt. Auch hier bebildert Dylan die Bigotterie, die Verlogenheit der „anständigen" Menschen.

Dylan ist bestochen von dieser attraktiven Frau und schleimt sich erneut an ihren Vater heran, indem er dessen Farm bewundert. Der Farmer ist – zu Recht - misstrauisch: „Was weiß ein Doktor über einen Bauernhof?" und Dylan kann sich rechtfertigen, er sei auf dem Boden eines Wünschelbrunnens geboren. Außerdem hat er Dreck unter den Fingernägeln, was dem Bauern beweisen müsste, dass er mit bäuerlicher Arbeit zu tun hatte.

Der Bauer lässt ihn unter zwei Bedingungen übernachten: Er dürfe seine Tochter nicht anrühren und müsste am Morgen die Kühe melken. Der Biker verspricht das.

Er schläft und die Tochter kommt und will mit ihm unter die Dusche. Aber sie sieht aus wie Anthony Perkins, der im Hitchcock-Thriller Psycho die Frau unter der Dusche tötet. So will Dylan fliehen, aber die Flucht verhindert sein Versprechen, die Kühe zu hüten. Er muss zu einer List greifen und ruft, dass er Fidel Castro verehrt. In den 50er/60er Jahren war dies in den USA schlimmer, als Satanist zu sein. Senator McCarthy mit seiner Kommunistenhatz war noch in den Herzen der aufrechten Westmänner. Also greift der Farmer zu seinem geliebten Gewehr, Dylan macht einen Salto und rennt der aufgehenden Sonne entgegen (die Sonne geht AUF, er rennt die Straße hinUNTER). Er wird nicht mehr zurückkehren, obwohl Rita ausgezogen ist und in einem Motel arbeitet – in einem Motel arbeitete übrigens auch Anthony Perkins, der seine Kundinnen killte.

Seine Rettung sieht Dylan in der Redefreiheit der USA („without freedom of speech I might be in the swomp"), was durch die „rifle" des Farmers widerlegt wird.

Eine skurrile Geschichte, in der Dylan doch relativ direkt und offen politisch wird. Freilich ist dieser Text hochpoetisch und arbeitet mit sehr sinnlichen Vokabeln. Dylan hat hier musikalisch die Folkmusik hinter sich gelassen oder noch besser: integriert in die Rockmusik. So kann er weg von der verträumten Folklore, die immer auch ein bisschen scheinheilig wirkte. Er konnte auch weg von seiner „Hobo"-Identität, die ebenfalls erfunden war und in gewisser Weise verlogen, denn er spielte den Out-Law nur.

Eine Frau oder was???

4.14 Just like a Woman: Frau oder kleines Mädchen?

Das Album „Blonde on Blonde" gehört in das geniale Umfeld von Highway 61. Dylan war in einer Phase, wo er nicht mehr Sprecher einer Generation war, was er gar nicht sein wollte, sondern Mitgestalter. Er hatte es geschafft, Künstler sein zu dürfen und nicht nur dichtender und singender Meinungsmacher. Seine expressionistischer Ausdruckskraft zog sich durch die Phasen durch, war bereits bei Blowin in the Wind grundlegender Bestandteil, nun aber konnte er sie voll auslebne. Manchmal schuf er durch seine Sprache fast schon neue Welten, wie eben bei „Like a Rolling Stone", manchmal wandte er sie fast alltäglich an, wie bei „just like a woman". Diesr Song ist sehr anschaulich, könnte eine persönliche Geschichte wiedergeben, ist zugleich aber dichterisch farbig formuliert. Vieles ließe sich trivial beschreiben, aber Dylan verleiht durch seine manchmal kryptische Ausdrucksform allem eine geheimnisvolle Tiefe. Zwar ist die Frau, die er besingt, in einem ziemlich banalen Sinn eine Frau, für die sich ein Mann interessiert und die auch dafür sorgt, dass Männer sich für sie interessieren, aber er umgibt sie mit seiner bildhaften Sprache wie mit einem Kleid eines Designers.

In der dritten Strophe erscheint sie als Königin Maria. Wer immer das sein könnte – letztlich könnten die Männer, die das Lied hören, mit ihrer persönlichen Queen Mary, die ihnen Schwierigkeiten macht, identifizieren. Sie ist eine Frau, die sich wie eine Königin gibt. Das tun mitunter schon Mädchen, wenn sie sich wie Prinzessinnen kleiden wollen. Dylans Mary verfügt über ein reichhaltiges Repertoire von Präsentationsmöglichkeiten .

Aber seine Queen Mary sieht am Schluss, dass sie auch nicht besser ist als der Rest, trotz aller Accessoires, mit denen sie sich umgibt und darstellt. Den Mann bewegt sie als eine Frau. Sie agiert mit den berechnenden und ausgefeilten Mitteln einer Frau, die einen Mann umgarnen will, aber am Schluss verwandelt sie sich doch in das schutzbedürftige kleine Mädchen. Darin ist sie allen anderen gleich.

Freilich beschreibt hier Dylan diese Frau nicht als Prototyp schlechthin, sondern als Teil der gehobenen Mittelschicht. In ihr steckt auch die Kraft des Verachtens und die Möglichkeit des Verächtlichmachens, so dass der Sänger sie inständig bittet, sie soll nicht rauslassen, wie das damals war, als sie eine Beziehung eingingen. Er war hungrig, aber die Welt, in der er Hunger hatte, war ihre Welt. Sie hatte dort das Sagen, die Beziehungen und das Geld. Hier wird der Dichter ganz demütig, weil er sich und seinen Ruf schützen will. Aber er scheut nicht davor zurück, sie dann doch zu entlarven, decouvrieren als eine Frau, die sich präsentieren kann, nur um am Schluss wieder das kleine, schutzbedürftige Mädchen zu sein – oder zu spiegeln. Der Schluss bleibt in seiner Interpretation dann doch offen....

4.15 Die Zeiten ändern sich: Der Erste wird der Letzte sein

„The times, they are achanging" fungierte als Zeitansage. Während „Blowin in the Wind" die sakrale Hymne war, galt „The times, they are achanging" als Beschreibung der Wirklichkeit. Natürlich ging es um einen Prozess und da wird die Realität nicht statisch beschrieben. Dylan wendet sich an Personengruppen und formuliert die Anforderungen an sie. Manches scheint für alle zu gelten. Aber er wendet sich nur nach außen. Das ist keineswegs typisch. Er verwendet oft genug ein „Ich". In diesem Lied jedoch nicht. Allenfalls wäre ein „Wir" passend, denn er fungiert hier als Sprecher seiner Generation. Der anderen Welt, den Eltern, den Journalisten, den Politikern ruft er zu: „Fang lieber an zu schwimmen, oder du sinkst wie ein Stein." Das Wasser steigt, man muss schwimmen können. Das Wasser scheint der Unmut der jungen Generation zu sein.

Dylan positioniert Erkenntnisse in die Situation: „Wer jetzt langsam ist, wird später schnell sein..." Das ist natürlich keine Sachaussage. Es wird auch so nicht sein. Aber darin steckt der weisheitliche Grund: Es ändert sich immer alles und so ist nichts festgeschrieben, auch nicht schnell und langsam. Oder das Gegenwärtige wird vergangen sein. Diese „Weisheit" ist an sich banal. Aber er hebt die simple Wahrheit auf und fügt sie in einen Kontext. Dadurch erhält sie eine eigene Kraft: Die Vergänglichkeit des Verlässlichen wird benannt. Die „bürgerlichen" Werte und Lebenskonzepte überstehen das steigende Wasser nicht. In der US-Gesellschaft ist das noch heftiger als in der deutschen, denn jene ist sehr inhomogen. Die von Dylan kritisierte „Gesellschaft" ist die der europäischen Auswanderer. Um deren inzwischen verlogenen Werte geht es.

Mit diesem Angriff hatte der (unfreiwillige) Prophet Dylan teils Recht. Die Werte haben sich drastisch geändert. Das gilt freilich nicht in jeder Hinsicht. Deutlich geändert hat die westliche Welt die tendenzielle „Gleichberechtigung" der Frauen, die „sexuelle Revolution" und das Zerbrechen der Unantastbarkeit der Ehe. In Deutschland des 21. Jahrhunderts könnte man noch die Themen „Abtreibung" und „sexuelle Identität" benennen. Das trifft für die USA nicht zu – und auch nicht für viele „Communitys" mit Migrationshintergrund in Deutschland, die zur eigenen Stabilisierung Werte des 18. Jahrhunderts für ihre Identifikation wählen. Benannt wurden freilich individuelle Themen. Anders verhält es sich bei den kritischen Bereichen „Wirtschaft" und „Krieg", die eng miteinander verwoben sind. Der sog. „Neoliberalismus" zeigt die steinharten (steinzeitlichen) Gesichtszüge der Mächtigen in der Wirtschaft. „Liberalismus" bedeutet hier eben nicht die Freiheit, die dort an ihre Grenzen kommt, wo sie die Freiheit der anderen tangiert, sondern der Neoliberalismus beinhaltet die Versklavung von Menschen, wo es möglich ist. Es ist das Thema, das Dylan in einer anderen Epoche meisterhaft als „Masters of War" auf den Punkt bringt. Denn dieses Lied geht nicht gegen den Krieg, gegen die Militärs, sondern entlarvt die teuflische Fratze der „Kriegsgewinnler", die die Waffen produzieren, von denen die Militärs abhängig sind – auch ideologisch abhängig.

Die Zeiten haben sich trotz des großen Einflusses von Bob Dylans Song nicht geändert. Ausgerechnet die Partei der „Friedensbewegung", die Grünen hat mit ihrem Außenminister Joschka Fischer den ersten Militäreinsatz der Bundeswehr mitverantwortet. Fischers Begründung war nachvollziehbar: dem Bösen wehren![45] Aber so etwas muss man hinterher auch auswerten und wir stellen fest: In die Zeit dieser Aktion fallen viele nicht verhinderte Gräueltaten. Wenige Jahre vorher verübten die Serben allerdings an Bosniern das Massaker von Srebrenica. Es lässt sich weder einfach rekonstruieren noch eindeutig bewerten, was Außenminister Fischer damals ermöglichte, aber wenn wir Dylans Texte von 1963f. anschauen, dann bleibt doch alles ziemlich fragwürdig. Abgesahnt haben auf alle Fälle die Produzenten von Waffen.

Dylan geht an dieser Stelle nur in „Masters of War" ins individuelle Detail. In „The Times, they are achanging" beschränkt er sich auf Stichworte. Dafür reißt er viele Facetten an.

Was bedeutet eigentlich Dylans Vers angesichts des Sturmes auf das Kapitol in Washington durch Anhänger des gerade noch amtierenden Präsidenten Donald Trump 2020:

„Come senators, congressmen / Please heed the call / Don't stand in the doorway / Don't block up the hall / For he that gets hurt / Will be he who has stalled / There's a battle outside / And it is ragin' / It'll soon shake your windows / And **rattle your walls**[46] / For the times they are a-changin'."

Ganz offensichtlich dringt der Sturm in die Machtzentrale der USA ein. Da haben sich die Zeiten aber schon wieder geändert und diesmal ist es ein US-faschistoider Mob von frustrierten weißen Männern in realitätsferner Verkleidung (Tierkostüme). Schwarze US-Amerikaner wären niemals soweit vorgedrungen – und erkennbar muslimische Menschen auch nicht. Trump und das weiße „America" bekriegen ihre

---

[45] Fischer 1999: „Auschwitz ist unvergleichbar. Aber ich stehe auf zwei Grundsätzen, nie wieder Krieg, nie wieder Auschwitz, nie wieder Völkermord, nie wieder Faschismus. Beides gehört bei mir zusammen."

[46] Was bedeuten diese Worte angesichts der Tatsache, dass die Anhänger des US-Präsidenten D. Trump mit dessen Aufmunterung das Capitol in Washington stürmten. Was für einen Aufschrei hätte es gegeben, wären es Moslems oder Kommunisten gewesen, Trump-Faschisten sind treue US-Bürger. Dylan kennt für diese US-Eigenschaft den Begriff „Hypocrit". Er verwendet ihn in seiner Anfangszeit durchaus nicht selten. Heuchler sind es! Heuchler in der puritanischen Tradition, auch wenn sie mit echter Religion nichts mehr am Hut haben. Nationalstolz ist der Stolz der Leute, die sonst auf nichts stolz sein können. Nationalstolz ist das Kennzeichen von Versagern.

eigenen durch Lippenbekenntnisse konstruierten „Werte". Die Fenster zitterten und die Wände wurden erschüttert, aber echte Konsequenzen hatte dies auch nach dem „Machtwechsel" nicht. Ob sich seit McCarthy wirklich etwas geändert hat? Barak Obama wurde US-Präsident und erhielt den Friedensnobelpreis, nach dessen Annahme löste er das völkerrechtswidrige Guantanamo nicht auf und Bob Dylan erhielt den Literaturnobelpreis. Hat sich was geändert?

Gilt nun für ihn: "And the first one now / Will later be last."? Ist Dylan jetzt der letzte? Der letzte Mohikaner? Der letzte Überlebende der Zukunft? Es scheint so. Wir sind alt. Die Zukunft von damals stirbt aus. Die junge Generation verkörpert die Vergangenheit. Greta Thunberg und die Friday-For-Future-Aktivisten sind die Love&Peace-Dinosaurier nach dem Meteoriteneinschlag.

„Die Ersten werden die letzten sein und die Letzten die ersten..." sang nicht Bob Dylan, sondern predigte Jesus von Nazareth (Mt.19,30) und stellte wie so oft die gesellschaftlichen Gesetze auf den Kopf. Es ging nicht um Sportler, es ging nicht um die Olympiade, sondern um oben und unten in der gesellschaftlichen Rangordnung. Gottes Gewichtung ist anders. Denn während bei uns Geld schwer wiegt, viel zählt, ist es bei ihm eher ein Makel, ein Hindernis.

Matthäus 19,30 ist eine Zeitansage. Die alte und die neue Zeit prallen aufeinander in Jesus. Auch bei Jesus ist es der ethische Kontext. Nicht die Erfolgreichen mit den Mitteln der Stärkeren, sondern die, die die Zuwendung Gottes annehmen werden an erster Stelle kommen. Dem knallharten Sozialdarwinismus sagte Jesus schon fast 2000 Jahre vor Dylan den Kampf an. Da stand er in der Linie mit den alttestamentlichen Propheten wie Jesaja, Micha und Amos. Shabtai Zisel ben Avraham, genannt Bob Dylan mit seinen jüdischen Wurzeln reiht sich hier ein. 1963 gemeinsam mit dem prophetischen Martin Luther King auf der Demonstration „March on Washington for Jobs and Freedom", begleitet von Joan Baez mit analogen Wurzeln und singt das apokalyptische „When the ship comes in": „and the sun will respect every face on the deck". Die Sonne scheint nicht nur auf Gerechte und Ungerechte, sondern eben auch auf Menschen jeder Hautfarbe. Dylans Song schließt: „But we'll shout from the bow: Your days are numbered. An like Pharaoh's tribe they'll be drowned in the tide and like Goliath they'll be conquered." Dylan stellt hier die Linie um Alten Testament bis ins 20. Jahrhundert her, wenn er von der Befreiung der Hebräer aus Ägypten (Pharao) über David und Goliath die kleineren und schwächeren Vertreter der unterdrückten Menschen gewinnen sieht. Denn die Zeiten sind dabei, sich zu ändern.

Das Besondere in diesem weisheitlichen Song ist, dass hier ein junger Mann altersweise singt. Er brüllt es nicht, es kommt nicht unkontrolliert, er verkündet seine Weisheit mit der Ruhe und Selbstsicherheit eines Mannes mit viel Lebenserfahrung. „Don't criticize, what you can't understand…" könnte der Großvater zum Enkel sagen, aber hier sagt es der Sohn den Eltern. Immerhin, und das ist mehr, als ein antagonisierender, ein spaltender Poet postulieren würde, bietet er zwei Möglichkeiten: Hilf uns auf unserem Weg – ansonsten geh aus dem Weg.

Was sind die Zeichen der Zeit? Was ist das Neue, das Angesagte? Sprich nicht zu früh, denn das Rad dreht sich noch. Welches Rad? Das Rad des Lebens, das endlose Rad? Oder das Rad der Geschichte, das endlose Rad? Oder das Glücksrad, dass auf der richtigen Zahl, dem richtigen Symbol stehenbleiben soll? Gerade beim Wheel of Fortune ist es unangesagt, noch während des Drehens zu sagen: „Gewonnen!" Ein letzter Zucker und Rucker kann alles verändern, zum Glück wie zum Pech.

Die Zeiten ändern sich, rufen die Jungen. Aber oft genug wissen sie gar nicht, wie die Zeiten waren und oft genug ändern sich weniger die Zeiten als vielmehr die Jungen, die dann zu alten werden – was nur natürlich ist -, aber auch wie die Alten werden, wodurch sie die Chance zu substantiellen Veränderung vertun.

Nein, Dylan stimmt sich hier vermutlich in der Wortwahl nicht mehr zu: Nicht die Zeiten ändern sich, sondern wir ändern die Zeiten – oder eben auch nicht. Und das macht das Ganze so ambivalent.

4.15.1 Religiöser Einschub: The times are achangin'

Am 24. Mai wurde Bob Dylan 70., im November hieß es: Dylan kommt nach Nürnberg! Ein jüdischer Künstler kam in die Stadt der Rassegesetze, nach Nürnberg. Umjubelt. Was hätten die Nazis dazu gesagt?

Wie die Zeiten sich ändern… „The times, they are achanging", schrieb er in den 60ern: Die Zeiten ändern sich. In den Sechzigern wurden verkrustete Strukturen aufgebrochen, wurde die Verlogenheit der brutalen Biedermänner an den Pranger gestellt. 1978 kam er dann zum ersten Mal in Hitlers „Schatzkästchen", auf den Zeppelin-Platz am Aufmarschgelände der Nazis. Viel krasser konnte er es kaum bringen. Aber die deutsche Jugend kam und jubelte!

Schon die Jugend 1968 wusste, wo es lang geht. Die Eltern hatten den richtigen Zeitpunkt verschlafen und die Jugend hörte nicht mehr auf elterliches Kommando. Das konnte man in Deutschland spüren, aber das sang auch der US-Amerikaner Dylan als Sprecher dieser Generation. Dabei warnt er die Politiker im Parlament: „Der Kampf ist schon auf der Straße, bald werden eure Mauern beben. Denn die Zeiten sind im Umbruch."

In Deutschland hieß es „Unter den Talaren, der Mief von Tausend Jahren". Das waren die Talare der Universitätsprofessoren, die die Elite des Landes ausbilden sollten und die nicht begriffen hatte, dass es sie und ihre Vorgänger waren, die das Land in eine Diktatur, in einen Weltkrieg, in einen Völkermord dirigiert hatten. Es war die „moralische Revolution", wie es Jürgen Moltmann formuliert hatte und abgegrenzt hatte von den Revolutionen, die sich gegen Ausbeutung, gegen materielle Unterdrückung richtete.

1967 war ein Jahr, in dem die bundesdeutsche Regierung wieder einmal zeigte, dass sie sich auf die Seite von Diktatoren und Monarchen stellte. Der Schah47 von Persien, die Personifikation eines prunkvollen Alleinherrscher, besuchte Berlin (West). Bei den Demonstrationen gegen ihn wurde der unbeteiligte Student Benno Ohnesorg erschossen48. Rudi Dutschke, ein wortgewandter und differenziert argumentierender Studentensprecher brachte die Heuchelei der älteren Generation auf den Punkt – unterstützt freilich beispielsweise von dem Theologen Gollwitzer, der zwar der Vätergeneration angehörte, aber die Berechtigung der Kritik anerkannte und teilweise argumentativ untermauerte.

Mit seinem Lied begleitete Dylan treffend jene bewegten Jahre, die die westliche Welt nachhaltig veränderten. Doch heute ist er über 80 Jahre alt und seine Fans sind alte Leute; Dylan ist kein junger Mann mehr, auch kein Vater, sondern Opa und viele, die aufbrachen, sind erstarrt. Da wirkte sein „Murder most foul" wie ein Weckruf in die Totenstarre, die sich in der Regierung von Donald Trump äußerte und in ihm die Karikatur eines demokratischen Anführers erhielt. Dass die Regierung und die Volksparteien nicht angemessen demokratisch und gesprächsbereit mit den Infragestellungen umgingen, führte teilweise zu

---

[47]Tatsächlich ist Schah dasselbe Wort wie „Schach" und stammt auch aus Persien als „Königsspiel". Da werden die Bauern gerne geopfert, auch mal für eine Königin. Mit seiner Königin Soraya hatte der Schah Reza Pazlavi kein Glück, sie gebar ihm keine Thronfolger für den Pfauenthron. So musste er sie verstoßen. Ihr Grab fand sie auf dem Münchner Westfriedhof.
[48]Wie sich erst nach der Grenzöffnung 1989 herausstellte, agierte der Polizist, der den Studenten erschoss, im Auftrag der DDR, um die BRD, in der bereits Jugendunruhen sich breitmachten, zu destabilisieren.

Radikalisierungen bis hin zur RAF und ihren Terroranschlägen.49 In „the times, they are achangin'" kündigt Dylan dies schon an. Denn die moralischen Unruhen gegen die heuchlerischen Erwachsenen „will rattle your walls", werden die Wände zum Beben bringen.

Der Ruf an die Eltern: "Don't criticise, what you can't understand": „Kritiere nicht, was du eh nicht verstehst," dieser Ruf von vor einem halben Jahrhundert wird heute wiederholt. Auch heute fühlen sich junge Leute unverstanden, wenn sie für Wahrheit und Gerechtigkeit eintreten und die Verlogenheit der Welt ihrer Eltern kritisieren. Insofern haben sich die Zeiten nicht geändert. „Friday for future" kann ein eigenes Lied davon singen oder das alte Lied mit eigenen Emotionen vortragen.

Die Zeiten sind immer noch im Umbruch. Das gehört auch zur dauernden Botschaft der christlichen Kirchen, die genau wissen: Wir sind noch lange nicht am Ziel und auf eines können wir nicht bauen, auf die moralischen Qualitäten der Menschheit.[50] Das beweist jede Elterngeneration ihren Kindern und das zeigten die führenden Kräfte der Gesellschaft, als sie Jesus ans Kreuz hängten. Die führenden Kräfte der deutschen Gesellschaft heute wie der bayerische Ministerpräsident hängen dafür gerne Kreuze in öffentliche Gebäude, mitunter sogar Kruzifixe (also mit dem sterbenden Jesus) und lassen die Kritik Jesu an Selbstgerechtigkeit (Dylan: Hypocrites) gerne außen vor.

4.16 One too many mornings: Zwei Perspektiven

In einem inneren Dialog mit seiner Liebe lässt er keine Sieger zu, er meint sogar, alles, was er sagte, könnte auch sie sagen. Aber offenbar sagen sie gegensätzliche Sachen und er gibt auch ihr Recht: „You're right from your side, I'm right from mine." Es gibt Situationen, wo genau das stimmt und wenn man es wahrnimmt, ist der Frieden gerettet, wenn es auch keine „Lösung" gibt. Nach meiner Lebenserfahrung äußern Menschen ähnliche Sätze, um alles zu relativieren. Da hat keiner von beiden Recht und auch nicht Unrecht, sondern es ist belanglos, was

---

[49]Man muss dabei festhalten, dass terroristische Verbrechen in Deutschland – von den Nationalsozialisten einmal abgesehen – überwiegend von rechter Seite aus begangen wurden und noch begangen werden. Statistisch ist der „linke" Terror durchgehend schwächer als der rechte. Das macht ihn nicht besser – Terror ist niemals gut -, aber relativiert die Panikmache gegen links.

[50] Ecclesia semper reformanda, zitieren lutherische Theologen gerne und oft merkt man nicht, ob sie wirklich verstehen, dass Reformieren heute nicht heißt, ins heiße 16 Jahrhundert Luthers zurück zu kehren.

gesagt wird, denn es gibt sowieso „keine Wahrheit". Das heißt auch, dass es keine berechtigte Stellung gibt, keine Überzeugung.

Wer das sagt oder meint, liegt jedoch falsch. Man kommt über kurz oder lang bei jedem Menschen an Punkte, wo es für sie / ihn „ans Eingemachte geht", wo sie / er nicht mit sich reden lassen, wo etwas indiskutabel ist. Keine Überzeugung zu haben, ist feige. Mehr noch: Es ist sogar unmöglich. Aber es ist möglich, nicht zu ihnen zu stehen. Die Folge wird Reue sein. Das macht unserer Seele zu schaffen, wenn wir ihr nicht treu geblieben sind.

„Ein Morgen zuviel" ist eine seltsame Zeitrechnung. Sie ist verbunden mit „a thousand miles behind". Das ist Strecke, die nicht zu laufen ist. Was habe ich persönlich denn überhaupt zu sagen, wenn alles, was ich sagen kann, du auch sagen könntest? Wir sind im zeitlichen und räumlichen Niemandsland. Dabei macht der Poet aus dem „I" ein „We". Meine Bedeutung löst sich auf, wenn sie mit der andren Bedeutung vertauscht werden kann. Es wird dunkel und die Hunde hören auf zu bellen. Die Nacht ist still, ist schweigend Diese Stille zerbricht dröhnend, wenn die Gedanken sich selbständig machen im Kopf. Die Gedanken schwirren, verwirren und lassen mich aus Zeit und Raum fallen.

4.17 With god on our side: Böses und Rechtfertigung

Bob Dylan tritt in Nürnberg auf. Der jüdische Dichter und Sänger präsentiert seine Lieder in der Stadt der Rassegesetze und Reichsparteitage. 1979 sang er sogar auf dem „Zeppelinfeld", also dort, wo Adolf Hitler seine Macht zelebrierte. Hitler ließ sich dort als Messias feiern[51]. Zunehmend allerdings ersetzte er das Wort „Gott" durch „die Vorrrsehung!". Gott legalisierte seine Macht und sein Tun, aber es war ein Gott, den er selbst definierte. Gott war das, zu dem Hitler es machte.

Dazu passt eines der sarkastischsten Lieder Dylans. "With god on our side": Mit Gott an unserer Seite, als Verbündetem sind wir stärker als andere, gar unbesiegbar. Eine andere Seite: Mit Gott an unserer Seite sind wir unhinterfragbar im Recht. Zwar bringt Dylan auch den Genozid der Nazis zur Sprache, aber die selbstkritische Sicht seiner USA steht im Vordergrund.

Allerdings, das lässt Dylan anklingen: Es ist nicht Gott, der sich von sich aus an unsere Seite stellt, sondern wir stellen ihn an unsere Seite. Er wird zu unserer Marionette: Mit ihm verbrämen wir auch unsere

---

[51] Wie pervers war denn das: Der jüdische Begriff für den Heilsbringer wurde auf Hitler übertragen.

Untaten. Gott? Der ist nicht frei! Er ist uns ausgeliefert, unseren Worten, unseren Behauptungen ausgeliefert.

Dylan demonstriert dies in einem beeindruckenden geschichtlichen Aufriss an der beliebten Redeweise der Militärs, Gott wäre für ihre Sache. Er beginnt mit dem Niedermetzeln der bösen Indianer durch die guten Yankees, dann beschreibt er die US-Befreiungskriege, schließlich benennt er die Ermordung von 6 Millionen Juden durch die Germans, und er vergißt auch die ABC-Waffen nicht: "Now we have weapons of chemical dust, when fire 'em we're forced to, then fire them we must": Wenn wir die chemischen Waffen abfeuern müssen, dann müssen wir sie abfeuern, - das ist die aller-coolste Entschuldigung: ich musste es tun, weil ich es tun musste. Damit kann man sogar Morde rechtfertigen. Und wenn durch die chemischen Waffen alles verbrannt ist, ist es verbrannt mit Gott auf unserer Seite. Mit ihm wurden die Babys in den Hütten verbrannt, die bewegungsunfähigen Kranken verbrannt, die... alle verbrannt mit Gott auf unserer Seite. Obwohl das vernichtende Feuer doch eher an die Hölle als an den Himmel erinnert.

Gott kann sich nicht wehren gegen Vereinnahmung, aber der Dichter zeigt uns, dass wir Verlogenheit erkennen können. Christen erinnern sich daran: Jesus wurde von den guten Menschen gefangen, gefoltert und gehängt. Wenn sich Gott auf uns Menschen einlässt, dann ist er uns ausgeliefert. Im Falle Jesu endete dies tödlich. Hatte Judas, hatten Jesu Mörder Gott auf ihrer Seite? Fragt Dylan... gute Frage. Aber Mörder stoßen Gott vom Thron und setzen sich selbst auf ihn - auch die legalen Mörder bei Todesstrafe und Krieg.

Denn Gott hat in Jesus gezeigt, was er will: Liebe.

Und Jesus fiel den Ränkespielen der Macht zum Opfer. Dylan singt: „that Jesus Christ was betrayed by a kiss..." Das Zeichen der Freundschaft, der Kuss, ist das Zeichen des Verräters für die Feinde. Jesus reagiert sehr direkt: „Judas, du verrätst mich mit einem Kuss?" Was bewirkte dieser Satz Jesu wohl in der Seele von Judas? Können Worte, können Sätze im Kontext der Waffen wirken? Sie wirken nicht so schnell wie Feuerwaffen. Aber wir wissen von Judas, das er sich wenige Zeit später erhängte. Er hielt diesen Verrat nicht aus.

Der Verrat des Judas war die Folge seiner enttäuschen Erwartungen an Jesus. Der „Dolchträger", wie er von Freunden genannt wurde, sah in Jesus den kommenden Messias, den Kämpfer für Freiheit und Unabhängigkeit. Ihm wollte er Hand und Waffe leihen, für das große Ziel der Freiheit. Aber Jesus ging den Weg der Gewaltlosigkeit und scheiterte offenbar am Kreuz. Freilich blieb irgendetwas von ihm so intensiv, dass der damalige Kaiser heute keine Bedeutung mehr hat, aber Jesus für unzählige Menschen eine große, oft eine göttliche Rolle spielt und auf seine Maßstäbe gerne zurückgegriffen wird. Bei der Gründung der Vereinten Nationen spielte die Friedensbotschaft Jesu eine zentrale Rolle. Aber Judas wollte einen politisch erfolgreichen Messias. Das bot Jesus offenbar nicht.

Dylan stellt nun in seiner fortlaufenden Infragestellung der Geschichte entsprechend die Aufgabe: „Du musst selbst entscheiden, ob du glaubst, das Judas Ischariot Gott an seiner Seite hatte." Bei den Oberammergauer Passionsspielen 2010 wurde Judas eine eher positive Rolle zugewiesen, zugestanden, da er große Hoffnung in Jesus gesetzt hatte, Jesus sehr ernst nahm und ihm dadurch sehr nahe stand.

4.17.1 Religiöser Einschub: with god on our side

Bob Dylan wird 70. Das war der Hintergrund unserer Nachdenklichkeiten. Aus den vielen Liedern greife ich zum Schluss eines heraus, in dem das Wort "Gott" oft genannt wird: "With god on our side" heißt es: Mit Gott neben uns, an unserer Seite, als Verbündeter. Was könnten wir uns darunter vorstellen?

Beispielsweise: Mit Gott an unserer Seite sind wir stärker, gar unbesiegbar. Eine andere Vorstellung: Mit Gott an unserer Seite sind wir unhinterfragbar im Recht.

Allerdings, das lässt Dylan anklingen: Gott stellt sich nicht von sich aus an unsere Seite, sondern wir stellen ihn an unsere Seite. Er wird zu unserer Marionette: Mit ihm verbrämen wir auch unsere Untaten. Gott? Der ist nicht frei! Er ist uns ausgeliefert, unseren Worten, unseren Behauptungen ausgeliefert.

Dylan demonstriert dies an der beliebten Redeweise der Militärs, Gott wäre für ihre Sache. Dazu nimmt er die US-Befreiungskriege, dann beschreibt er das Niedermetzeln der bösen Indianer durch die guten Yankees, schließlich benennt er die Ermordung von 6 Millionen Juden durch die Germans, und er vergißt auch die ABC-Waffen nicht: Now we have weapons of chemical dust, when fire 'em we're forced to, then fire them we must: Wenn wir die chemischen Waffen abfeuern müssen,d ann müssen wir sie abfeuern, und wenn dann alles verbrannt ist, ist es verbrannt mit Gott auf unserer Seite.

Ja, Gott kann sich nicht wehren gegen Vereinnahmung, aber der Dichter zeigt uns, dass wir Verlogenheit erkennen können. Und Christen erinnern sich in der Passionszeit daran: Gott wurde von den guten Menschen gefangen, gefoltert und gehängt. Wenn sich Gott auf uns Menschen einläßt, dann ist er uns ausgeliefert. Im Falle Jesu endete dies tödlich.

Die alte und die junge Generation verbinden Bob Dylan...

4.18 Father of Night: Ordnung

„Father of Night", 1970 auf „New morning" veröffentlich, ist der letzte Song der Platte, Ein knappes, gefülltes Lied[52]. Die Kritiker erkannten darin das Achtzehnbittengebet der aschkenasischen Tradition. Der Hinweis ist gut, aber das Achtzehnbittengebet existiert in den unterschiedlichsten Formen und ist auch darauf angelegt, verändert zu werden. Auch hier können wir an Jesus denken, der auf Traditionen zurück griff und daraus etwas nur begrenzt Neues formte. Aber durch diesen kreativen Umgang mit Quellen kommt es eben zu Neuem.

Anscheinend arbeitet der Dichter mit Paaren, mit Gegensätzen. Doch bald schon sprengt er diese Form, überführt sie in die Form des Reimpaares. „Night" und „Day" sind die klassischen Gegensätze oder auch die klassischen Ergänzungen. Bereits die erste Schöpfungsgeschichte Genesis 1 lässt die sieben Schöpfungstage schließen mit „da wurde aus Abend und Morgen der x-te Tag". Nicht Morgen und Abend, wie wir, die wir am Morgen aufstehen, denken würden, sondern es beginnt mit dem Abend, weil mit ihm der Tag schließt und wir so zum Morgen zurückdenken können, damit es ein ganzer Tag wird, der es am Morgen noch nicht war. Merismus nennt man diese Form, so, wie „Himmel und

---

[52] Die wesentlich populäre Version von Manfred Mann's Earth-Band ist sechs Mal so lang!

Erde" einfach „das Ganze" meinen durch die Benennung der beiden sich ergänzenden Teile. Der Schöpfungsgeschichte entsprechend, in der das Licht als erstes geschaffen wurde, singt Dylan, dass die Darkness, die Dunkelheit genommen wird.

In der Tradition der Weisheit, wie wir sie etwa im Buch Hiob finden, wird die Wirklichkeit Gott zugeordnet. Das Wort „Ordnung" spielt hier eine große Rolle, und oft genug zeigt sich diese Ordnung in Gegensätzen, die durch nichts ergänzt werden müssen. Dylan durchbricht aber platte Zuordnungen, indem er etwa zur Einsamkeit und dem Schmerz die Liebe und den Regen bringt. „Pain" und „rain" reimen sich. Darin steckt auch eine Ordnung, aber ein sehr eigene. Wenn auf „day" und „night" „black" und „white" folgen, wären es nur Merismen, aber bei der Vorgeschichte von Dylan denkt man natürlich auch an die Rassenunruhen in seinen Aufbruchsjahren. Wir hörten es schon im vorherigen Vers: Wenn ein Vogel fliegt, kommt die Hoffnung in den Blick, und wenn der Vater den Regenbogen in den Himmel setzt, kommt das Symbol des Friedens. Nach Schwarz und Weiß erinnert er an den hohen Berg, den der Vater schuf. Unwillkürlich erscheint die zweite Strophe von „Blowin in the Wind". Er artikuliert etliche Worte in biblischem Englisch, etwas „shapeth, turneth" In der letzten Strophe kommt das Getreide, aber dann auch Kälte und Hitze, Luft und Bäume... Jedes Wort eine nachhaltige Assoziation. Aber von der beobachteten Natur geht er dann zurück zur Person, zu den Herzen und Erinnerungen. Das ganze ordnete er den Minuten und den Tagen zu, also dem Erleben wie auch den Erinnerungen. Aber verbunden werden die unzähligen Stichworte durch „father" und es ist ganz klar, dass dies eine religiöse Formulierung ist. Er schließt mit dem „Lobpreis" des Vaters.

4.19 Forever young: Nehmen und Geben

In "Forever Young", erschienen 1974 auf „Planet waves" sammelt Dylan gute Wünsche. In einer Zeit, wo es ihm wichtig war, Alben zu produzieren, damit er seine Schulden begleichen konnte, serviert er ein Lied, das man gerne für andere singt, die man mag. Die Menge der Covers bestätigt sein Gespür für das Bedürfnis seines Klientels. Wer auf Dylan zurückgriff, war per se nicht spießig. So konnte er gute Wünsche unterbringen, die auch von weniger ambitionierten Entertainern stammen könnten. Olaf Benzinger merkt an, dass Dylan den Song für seinen Sohn Jakob schrieb. Was aber sollen die schönen Wünsche, wenn Dylan gleichzeitig das Damoklesschwert über die Familie hängt, sie zu verlassen und das Damokles wenig später auf die Familie stürzt.

Gleich am Anfang singt er nach der Bitte um Gottes Segen: „May your wishes all come true." Meine Erfahrung in dieser Welt als Seelsorger sagt mir: Einer der heftigsten Wünsche des Jungen wurde bestimmt: „Papa, bleibe zu Hause". Die Erfüllung dieses Wunsches ist nicht einmal von Gott abhängig, die könnte Dylan irgendwie auch erfüllen. Das tut er aber nicht. Ich halte dies fest, nicht ohne emotionale Wertung, aber ohne moralische Abwertung. Mein Lebensweg war auch nicht anders.

Aber auch ein Vater, der seine Familie verlässt, kann den Wunsch haben, dass es dem Sohn gut geht. Es ist eben alles nicht einfach, eindimensional. Seine Wünsche freilich veröffentlicht er – gleich doppelt – auf einer LP. Das ist nicht mehr privat. Das ist öffentlich. Und so wurde es auch übernommen. Auf der Suche nach guten Segensliedern griffen so manche gerne auf Robert Zimmermann, Vater von Jakob Zimmermann zurück.

"May you always do for others / And let others do for you" rekurriert in der ersten Hälfte auf die goldene Regel, die von Jesus Mt. 7,12 in der Bergpredigt überliefert ist: "Alles, was du willst, das dir die Menschen tun, tu ihnen auch." Auch Jesus erwies sich hier nicht als innovativ oder originell. Vielleicht zitierte der Zimmermann aus Nazareth eine beliebte Volksweisheit und der Zimmermann aus Duluth tat es ihm nach. Man kann sich auch gut vorstellen, dass ein Höhlenmensch das schon zu seinem Sohn sagte, weil er Gesetzmäßigkeiten im sozialen Gefüge erkannte. Es könnte eine uralte Weisheit sein, die von Generation zu Generation weitergegeben wurde. Freilich geschah dies auch in der negativen Form, die weit weniger produktiv ist „Was du nicht willst, das man dir tut, das füg auch keinem andern zu!". Darin steckt nicht die Aufforderung, gut zu handeln, sondern lediglich, das Böse zu unterlassen.

Beide, Jeshua und Robert fügen es ein in ein gerechtes Weltbild, wo der, der Gutes tut, dadurch die anderen dazu bringt, ihm auch Gutes zu tun. Das ist so eine Art „Talions"-Aktivismus. Die Welt wird ausgeglichen durch das Verhalten, das sich gegenseitig positiv beflügelt.

Mit „may you", „mögest du" umschreibt der Poet Aufforderungen. Es geht um das Verhalten. Zwar wird es dem Angeredeten zugesprochen, aber er muss es dann auch umsetzen. Das betrifft zum Beispiel die Reihung von „righteous, true, truth, see the light, courageous, upright, strong…" In nahezu klassisch griechischer Tugend-Tradition verbunden mit ethisch-platonischen Metaphern wird der Mensch eingebunden in eine Welt, die letztlich dem Guten untersteht, auch wenn das Böse in ihr wirkt. Das ist ein klassischer Zug der „Weisheit".

Die Tugenden schreibt Dylan der Jugend zu: „Mögest du immer jung bleiben", ist keine biologistische Aussage, sondern das Vertrauen darauf, dass die guten Kräfte in jungen Menschen klar und eindeutig sind. Wer sich das Opus von Dylan schaut, kann das auch so sehen: der spätere Dylan war selten so eindeutig und klar wie der junge.

Das unterscheidet ihn nicht von anderen jungen Menschen. Wer sich lebhaft an die eigene Jugend erinnert und Jugendliche begleitet und beobachtet, kann feststellen, dass es den Reflektierteren unter ihnen immer wieder um „Gerechtigkeit" oder „Wahrheit" geht, oft genug radikal, kompromisslos und klar. Dabei wendet sich dieser Anspruch häufig nach außen, oft an die Elterngeneration, wo man Gerechtigkeit und Wahrheit vermisst. Weniger häufig wird der Anspruch an sich selbst reflektiert. Mein Eindruck ist: Wer diese Phase nicht durchgemacht hat, war nicht wirklich in der Pubertät. Vielleicht singt Dylan ein Stück weit über sich selbst. Ob er glaubt, dass er irgendwie doch immer noch jung ist oder ob er hofft, dass es sein Sohn erfolgreicher macht, jung zu bleiben, lässt sich nicht erschließend und ist auch gleichgültig, weil diese Frage, ob man die Werte seiner Jugend behalten hat, sich jeder stellen muss.

hat, sich jeder stellen muss.

Dylans Wandel hat mit Reife zu tun, aber die Reife scheint auch die Klarheit zu verderben. Das thematisiert Dylan in „Chronicles" deutlich. Er realisiert, dass er bei „O Mercy" nicht die Zeitansagen von „A hard rain's agonna fall" oder „Masters of war" einbringen kann, weil diese ganz bestimmte Zeit, dieser Kairos bei ihm vorbei ist. Da sind andere gefragt, meint er abgeklärt oder resignierend.

Auf „New Morning" singt er in „Sign on the window: „Build me a cabin in Utah / Marry me a wife, catch rainbow trout / Have a bunch of kids who call me "pa" / That must be what it's all about. " Das erscheint ihm als der Sinn des Lebens, heiraten und Kinder, die „Papa" sagen. Aber er nimmt es nicht als Verheißung oder als Erkenntnis, sondern an eine Wirklichkeit, die er realisieren muss. Da sind ihm die Segenswünsche an den Sohn, immer jung zu bleiben, schon lieber. Doch seine Jugend scheint vorbei. Sein „Kairos" war vielleicht 1963 mit den sehr klaren Songs der Gerechtigkeit. Schon seine Meisterwerke, seine hochgelobten wie „Highway 61", sind zwar genial, aber nicht mehr so klar und unmißverständlich.

„Kairos" ist ein Begriff, der auch auf Jesus angewandt wurde. Zu Deutsch bedeutet Kairos einen bestimmten Zeitpunkt, den genau passenden Zeitpunkt. Bei Jesus konnte das etwa seine Geburt sein, der richtige Zeitpunkt, um die Welt zu kommen. Das haben freilich seine

Nachfolger so ausgelegt. Bei Jesus selbst, bei seiner Verkündigung ist der Kairos die Ansage an die Hörer, dass sie jetzt, in diesem Augenblick auf ihn reagieren müssen. Dass sie in diesem Augenblick ihr Leben überdenken und neu ausrichten müssen. Wenn es einen richtigen Augenblick, einen Kairos gibt, dann gibt es auch die Zeit danach, wenn man den Kairos verpasst hat. Ich habe mitunter das Gefühl, dass das Nobelpreiskommitee den Kairos für Bob Dylan verpasst hat. Das hätten sie 1963 machen müssen, nicht als abgeklärte alte Männer und ältliche Frauen, die einem Greis eine Ehrung zukommen lassen, sondern als Teilnehmer der Gegenwart, die im Augenblick des Geschehens erkennen: Der ist es!

Bei Barak Obama und dem Friedensnobelpreis agierte das Komitee zeitgemäß. Das gilt es zu respektieren, zu achten. Aber wenn man die folgende Geschichte Obamas kritisch betrachtet, rechtfertigte er den Friedensnobelpreis nicht. Das mag man nicht dem Willen Obamas ankreiden, es reicht, zu realisieren, dass die diversen Lobbys, die eigentlichen Mächte stärker waren als die positiven Intentionen des US-Präsidenten. Auch er blieb stets schwächer als die Vertreter diverser Wirtschaftszweige, etwa der Waffenindustrie. Besonders krass zeigt sich das im Umgang mit dem Gefangenenlager in Guantanamo. Dieses Lager ist (sic!) auf Kuba, also quasi im Feindesland. Dort herrschen nicht die US-Gesetze, sondern werden die Gefangenen rechtlos gehalten. Es gibt weder formulierte Anklagen noch transparente Gerichtsverhandlungen. Wer nur denunziert wurde, wer lediglich wegen eines falschen Verdachtes dort sitzt, hat Pech gehabt. Die moralisch überheblichste Nation der Erde, die USA enthält ihnen alle Menschenrechte vor. In Guantanamo sind die USA auf dem Niveau von Russland und China. Das macht sie unglaubwürdig. Dadurch entlarven sie sich als Heuchler. Aber das irritiert keine Nation, die sich einen Präsidenten wie Donald Trump wählte und fast wieder wählte. Die USA scheinen nicht so schlimm wie die Diktaturen dieser Welt, aber sie wirken einfach verdorben, moralisch minderwertig, heuchlerisch, bigott. Das ist in einem Land, das über solche freien Informationsmöglichkeiten verfügt wie die Vereinigten Staaten, fatal und eine Warnung für die noch relativ hinterfragbare BRD.

4.20 Ring them bells: Richtig und falsch

Das Album "Oh Mercy", "O Gnade!" veröffentlichte Bob Dylan 1989. Nicht nur er zählt es zu einem seiner besten.[53] Er greift auf Stil-

---

[53] In „Chronicles Vol.1" widmet er ihm ein langes Kapitel.

mittel seiner Anfangszeit zurück und bleibt in seiner literarischen Widersprüchlichkeit, die ihn auszeichnet.

In der vierten Strophe von „Ring them bells" fordert er zunächst auf, die Glocken zu läuten, damit die ganze Welt hört, dass „Gott einer ist". „God is one!" Bezieht er sich auf die muslimische Tradition oder die jüdische oder die christliche? Zunächst wendet er sich an den christlich-jüdischen Kontext.

*Ring them bells so the world will know that God is **one** / Oh, the **shepherd** is asleep / Where the willows weep / And the mountains are filled with **lost sheep** / Ring them bells for the blind and the deaf / Ring them bells for all of us who are left /*

Er greift das Gleichnis des Juden Jesus auf, der in der Tradition der Psalmen Gott mit einem Hirten vergleicht, der das in den Bergen verlorene Schaf sucht (Lk.15). Doch Dylan beschreibt die erkennbare Wirklichkeit, wenn er weitersingt: „Die Berge sind voller verlorener Schafe…" Dabei hat er schon darauf hingewiesen, dass der Hirte schläft. Schläft Gott und die Schafe gehen verloren?

Der gepriesene Gott scheint wenig erfolgreich zu sein, denn die Welt ist voller Menschen, die Gott bei sich bergen könnte, die sich aber verloren fühlen. Der gepriesene Gott scheint wenig erfolgreich zu sein. Das würde ich auch so unterschreiben, obwohl es Samstag Nacht ist und ich morgen eine Predigt halten muss – sie geht über Lazarus und den reichen Mann und passt zur Wirklichkeit nur dadurch, dass bis zum Tod der reiche Mann eindeutig das bessere Leben führen kann. – Jetzt ist Sonntagnacht 06.06.2021 23:45 und ich habe die Predigt zweimal gehalten. Meine Hörer signalisierten mir: Ja, so erleben wir diese Welt. Gott sorgt nicht für Gerechtigkeit. Jetzt ist Sonntagmorgen 27.06.2021 00:38 und morgen geht es um die „Feldrede" bei Lukas.

Seid barmherzig, wie auch euer Vater barmherzig ist. Und richtet nicht, so werdet ihr auch nicht gerichtet. Verdammt nicht, so werdet ihr nicht verdammt. Vergebt, so wird euch vergeben. Gebt, so wird euch gegeben. Ein volles, gedrücktes, gerütteltes und überfließendes Maß wird man in euren Schoß geben; denn eben mit dem Maß, mit dem ihr messt, wird man euch zumessen. Er sagte ihnen aber auch ein Gleichnis: Kann denn ein Blinder einem Blinden den Weg weisen? Werden sie nicht alle beide in die Grube fallen? Ein Jünger steht nicht über dem Meister; wer aber alles gelernt hat, der ist wie sein Meister. Was siehst du den Splitter in deines Bruders Auge, aber den Balken im eigenen Auge nimmst du nicht wahr? Wie kannst du sagen zu deinem Bruder: Halt still, Bruder, ich will dir den Splitter aus deinem Auge ziehen, und du siehst selbst nicht den Balken in deinem Auge? Du Heuchler, zieh zuerst den Balken aus deinem Auge, danach kannst du sehen und den Splitter aus deines Bruders Auge ziehen.

Hier begegnen wir der „Weisheit" bei <u>Jesus</u>. Zwar ist der erste Satz noch typisch für seine Verkündigung, denn es geht um das Wesen Gottes. Aber aus diesem Wesen leitet sich eine Grundhaltung ab, die seine Nachfolger übernehmen sollen. Anschließend jedoch spielt Gott keine Rolle mehr. Was dort geschrieben ist, könnten auch Atheisten über zwischenmenschliche Beziehungen formulieren.

In dieser Weise kann sich auch Dylan äußern, ohne seinen Rahmen als Poet zu sprengen. Freilich, wenn er singt: „Ring them bells for the blind and the deaf" greift er prophetische Formulierungen auf, die wiederum auch Jesus zitierte. Durch den Hinweis auf das Glockenläuten klingt der Kontext kirchlich. Die Kirchenglocken erklingen freilich nicht in der Kirche, sondern in die Welt hinausläuten. Eine ähnliche Zeile sang er schon ein viertel Jahrhundert vorher in „Chimes of freedom", wo Glockenschlage für die Tauben und Blinden erklingen, „tolling for the deaf and blind, tolling for the mute…".

Wenn Christen in Dylans Blick kommen, ist dessen Spektrum US-amerikanisch geprägt, europäische oder eurasische Traditionen erkennt man kaum. In den Vereinigten Staaten herrschen die fundamentalistischen Strömungen reformierter Provenienz. Da gibt es die Auserwählten, die in den Himmel kommen. Zehn Jahre zuvor schien Dylan zum „wiedergeborenen Christen" geworden zu sein.[54] Die US-Variante der reformierten Protestanten betonte, dass Gott die erwählten Christen belohnt und sich dies an ihrem erfolgreichen Lebensweg abzeichnet. Es gibt die Auserwählten. Sie sind wenige. Sie werden in den Himmel kommen. Und dort werden sie richten über die vielen, die nicht erwählt sind: „the chosen few / Who will judge the many when the game is through".

Wie Dylan auf diese Version kommt, ist nicht offensichtlich. Es gibt die Vorstellung von den wenigen Auserwählten, aber es gibt nicht die Vorstellung, dass diese auch die Richter sein würden. Allerdings verstehen sich „Auserwählte" sich mitunter bereits zu Lebzeiten als derart erwählt, dass sie sich als „Richter" gebärden. Wenn Richter in diesem Kontext Gott vertreten, dann sage ich als Theologe: Sie sind blasphemisch. Sie lästern Gott, indem sie vorgeben, in seinem Namen und mit seinen Kompetenzen zu richten. Im Kontext der Thora übrigens würde Gotteslästerung mit dem Tode bestraft.

Dylan schließt den Song damit, dass die die Grenzlinien lang sind und das Kämpfen stark ist und dass sie die Entfernung zwischen „richtig" und „falsch" zerbrechen. In seinen „Chronicles" kämpft er damit, dass er bei dieser Zeile nicht die richtige Formulierung fand. "Between

---

[54] Damit gehörte er zu einer großen Gemeinschaft, die George W. Bush, den trockenen Alkoholiker einschloss.

right **and** wrong" schien ihm keine angemessene Rede. „Right **or** wrong" gibt es als Entscheidungsmöglichkeit und „right **from** wrong" als Unterscheidungsmöglichkeit. Aber „right and wrong" passt eben nicht zusammen. „Gut" und „Böse" lässt sich inhaltlich nicht mit „und" verbinden, nur als Reihung. Doch die Aufnahme des Songs war so gut, dass er es bei seiner Formulierung beließ. Offenbar war er damit nicht zufrieden, so dass er noch in seinen „Chronicles" offenlassen musste, was die richtige Formulierung sei.[55]

Es ging auch um „gut" und böse". In Chronicles (S.203) nimmt er als Beispiel, dass jemand Leder stiehlt und daraus Schuhe für Arme macht. Es ist klar, dass es moralisch gut ist, aber Juristen würden es als gesetzeswidrig brandmarken.

Krass erscheint ihm hier, dass man zwischen Menschen und Taten unterscheiden muss (klassischer Luther): Taten können gut und böse sein[56], aber er nimmt auch wahr: „Gute Menschen können Böses tun und böse Menschen Gutes."[57]

4.20.1 Exkurs: God is one

"God is one" verdient besondere Beachtung. „Gott ist einer" passt zu den drei monotheistischen Weltreligionen. Doch schon das Judentum startete keineswegs monotheistisch. Das macht sich sprachlich daran bemerkbar, dass das Wort für Gott „Elohim" die Mehrzahl von „El" ist. In einer ersten Engführung wird Gott auf den Stammesverbund „Israel" bezogen. Isra-El wird als sein „Erbteil" tituliert. Dahinter steht die Vorstellung, dass jedes Volk / jeder Stamm seinen eigenen Gott hat. Das wäre zunächst einmal nur „Monolatrie", also die Verehrung eines regionalen Gottes. Monotheismus ist dann die Behauptung, dass es nur einen Gott gibt und alle anderen menschliche Erfindung sind.

Im 5. Buch Mose 32, im sog. „Lied des Mose" heißte es: *Als der Höchste den Völkern Land zuteile und der Menschen Kinder voneinander schied, da setzte er die Grenzen der Völker, nach der Zahl der Kinder Israel. Denn des HERRN Teil ist sein Volk, Jakob ist sein Erbe."* (32,8) Der Höchste ist in diesem Fall König der Götter, der HERR ist Jahwe, trägt einen exklusiven Namen und ist der exklusive Gott Israel. Israel ist ein anderer Name für Jakob. Jakob ist der konkreteste

---

[55] „Chronicles Vol.1" S.203

[56] Das schreibt Dylan, aber das ließe sich hinterfragen. Denn die Taten werden gut oder böse durch die Bewertungen, nicht durch sich selbst. Das merkt man dann, wenn dieselbe Tat bei verschiedenen Wertesystemen gegensätzlich bewertet wird.

[57] Chronicles S.203

Stammvater, nach Abraham und Isaak, weil sich auf ihn die zwölf Söhne Jakobs / Israel beziehen. Jahwe ist der konkrete Name Gottes, des Herrn. Ansonsten fungiert der Begriff „El", also „Gott" als allgemeine Bezeichnung, z.b. der Zugehörigkeit zu einer bestimmten Gruppe. „Dani-El" wäre eben der Gott des Stammes „Dan". Zwar konkurrieren die Götter in gewisser Weise, aber sie konkurrieren so, wie Stämme oder Völker konkurrieren. Es geht nicht darum, dass es andere Götter gäbe, sondern darum, dass es den „Gott Abrahams, Isaaks und Jakobs" für Israel gibt und er anerkannt werden muss, so wie Länder ihre Könige haben, aber der eigene König als einziger Loyalität verdient. Erst in der Zeit des Exils (597-539 v. Chr.), als die führenden Juden im Ausland, in Babylonien lebten, wurde die Konkurrenz umformuliert. Nun waren die fremden Götter nicht einfach die der anderen Völker, sondern galten als erfunden. Das entwickelte sich zum Monotheismus.[58]

Klassisch drückt den Übergang von der Monolatrie mit der grundsätzlichen Anerkennung anderer Götter für andere Völker hin zum Monotheismus der Profet Deuterojesaja[59] aus:

Jesaja 44,6ff. So spricht der HERR, der König Israels, und sein Erlöser, der HERR Zebaoth: Ich bin der Erste und ich bin der Letzte, und außer mir ist kein Gott. Und wer ist mir gleich? Er rufe und verkünde es und tue es mir dar! Wer hat vorzeiten kundgetan das Künftige? Sie sollen uns verkündigen, was kommen wird! Fürchtet euch nicht und erschreckt nicht! Habe ich's dich nicht schon lange hören lassen und es dir verkündigt? Ihr seid doch meine Zeugen! Ist auch ein Gott außer mir? Es ist kein Fels, ich weiß ja keinen. Die Götzenmacher sind alle nichtig; woran ihr Herz hängt, das ist nichts nütze. Und ihre Zeugen sehen nichts, merken auch nichts, damit sie zuschanden werden. Wer sind sie, die einen Gott machen und einen Götzen gießen, der nichts nütze ist? Siehe, alle ihre Genossen werden zuschanden; die Meister sind auch nur Menschen. Wenn sie auch alle zusammentreten, sollen sie dennoch erschrecken und zuschanden werden. Der Schmied macht ein Messer in der Glut und formt es mit Hammerschlägen. Er arbeitet daran mit der ganzen Kraft seines Arms; dabei wird er hungrig, sodass er nicht mehr kann, und trinkt auch kein Wasser, sodass er matt wird. Der Zimmermann spannt die Schnur und zeichnet mit dem Stift. Er behaut das Holz und zirkelt es ab und macht es wie eines Mannes Gestalt, wie einen schönen Menschen; in einem Hause soll es thronen. Er haut Zedern ab und nimmt Kiefern und Eichen und wählt unter den Bäumen

---

[58] Manche Forscher verweisen auf die Nähe des Mose zur ägyptischen Religion und das Echnaton den Monotheismus propagiert hatte. Darin steckt eine gute Erkenntnis, aber letztlich hat sich Israel vor dem babylonischen Exil nicht als lupenreiner Monotheismus entwickelt.

[59] So bezeichnet man den namenlosen Propheten, des Worte sich im Buch Jesaja Kap. 40-55 finden. Er lebte ca. 150-180 Jahre nach dem ersten Jesaja.

des Waldes. Er hatte Fichten gepflanzt und der Regen ließ sie wachsen. Das gibt den Leuten Brennholz; davon nimmt er und wärmt sich; auch zündet er es an und bäckt Brot; aber daraus macht er auch einen Gott und betet's an; er macht einen Götzen daraus und kniet davor nieder. Die eine Hälfte verbrennt er im Feuer, auf ihr brät er Fleisch und isst den Braten und sättigt sich, wärmt sich auch und spricht: Ah! Ich bin warm geworden, ich spüre das Feuer. Aber die andere Hälfte macht er zum Gott, dass es sein Götze sei, vor dem er kniet und niederfällt und betet und spricht: Errette mich, denn du bist mein Gott! Sie wissen nichts und verstehen nichts; denn sie sind verblendet, dass ihre Augen nicht sehen und ihre Herzen nichts merken können. Er kommt nicht zur Einsicht; keine Vernunft und kein Verstand ist da, dass er dächte: Ich habe die eine Hälfte mit Feuer verbrannt und habe auf den Kohlen Brot gebacken und Fleisch gebraten und gegessen, und sollte die andere Hälfte zum Götzen machen und sollte knien vor einem Klotz? Wer Asche hütet, den hat sein Herz getäuscht und betört, sodass er sein Leben nicht erretten und nicht zu sich sagen wird: Ist das nicht Trug, woran meine Rechte sich hält?

Aus dem im Prinzip monotheistischen Judentum „entwickelte" sich das Christentum. Das war und blieb nun lupenrein monotheistisch, wirkte aber durch das Konstrukt der „Trinität", der „Dreieinigkeit" auf manche als eine tritheistische Religion. Dass dies ein fundamentales Missverständnis ist, zeigt sich am besten an der modalistischen Variante der Lehre: Vater, Sohn und Heiliger Geist sind verschiedene Seinsweisen des einen Gottes, so, wie ein Baum Wurzeln, Stamm und Krone hat oder ein Fluss einen Oberlauf, einen Lauf und eine Mündung.

Wenn Dylan „Gott is one" zitiert, rekurriert er nicht auf "Allah il Allah" (arabisch: Gott ist Gott im Sinne von nur der Gott, von dem im Koran die Rede ist und den wir verehren ist wirklich Gott.). „Allah" ist dasselbe Wort wie „El" und fungiert eigentlich als Gattungsbezeichnung.

4.21 „Love and Theft": Feuertaufe 11.9.2001

„Love and Theft" wurde am 11. September 2001 veröffentlich, als man noch nicht wusste, was dies für ein historischer Tag würde… So ist dies manchmal mit der Gegenwart, wo man gar nicht realisiert, was ein Ereignis bedeutet, weil man mitten im Geschehen ist. Freilich wurde der Nine-Eleven noch am gleichen Tag hochstilisiert zur Zeitenwende. Man muss sich das klar machen: Die USA, die im ganzen 20 Jahrhundert weltweit Kriege führten und unterstützten, die viele Städte bombardierten, ja, sogar Atombomben einsetzten, was sonst keine Nation tat, die USA, die den Krieg im Irak kaltblütig ansteuerten, medial banal und effektiv eskalierten, diese Nation ist entsetzt, weil ein paar Häuser in ihrem Land zerstört werden und ein paar tausend Menschen dabei sterben. Ich finde das entsetzlich, was da von gewissenlosen Fanatikern angerichtet wurde, aber ich sehe, dass das Entsetzen der Bürger der USA, was ihre eigenen Soldaten in andren Ländern anrichten, sich immer in Grenzen hielt und selbst beim Vietnamkrieg ging der Protest vor allem gegen das Verheizen der eigenen Jugend und erst sekundär gegen die Verbrechen in Vietnam. Jetzt geschah Krieg auf einmal im eigenen Land Das schweißte die Amis zusammen – in aller banalen Heuchelei. Mit dem Vater von Osama bin laden hatten die USA immer hervorragende Geschäfte gemacht – die freilich mit Demokratie und Freiheit nicht zu tun hatten.

Am Nine-Eleven erschien also „Love and Theft".

Historischer Tag? Die Beatles veröffentlichten an John F. Kennedys Todestag 22.11.63 ihr Album „With the Beatles" und gaben ein Konzert, bei dem sie zunächst nur oberflächlich von dem Attentat erfuhren.[60] Nach dem Konzert unterhielt man sich und das Attentat wurde wohl auch erwähnt. Aber die Informationsmöglichkeiten waren 1963 doch sehr begrenzt: Rundfunk und zeitversetzt die Zeitung bildeten den Schwerpunkt.

Das Attentat spielte im konkreten Kontext der Beatles eine wechselnde Rolle, auch weil aufgrund der begrenzten Nachrichtenübertragungen erst mit der Zeit klar wurde, was eigentlich wirklich passiert war.[61]

Hier gibt es Erinnerungen:

"The Beatles were abruptly halted that night, but not out of any mark of respect for Kennedy. A girl three rows from the front somehow burst through the security guards and made a mad dash of rate stage. She flung herself across the ten-foot wide orchestra pit, scrambled onstage, and made a beeline for George. She held him in a tight embrace for a few moments before turning her attention to John, who was belting out "Twist and Shout." She grinned up at him and was about to pounce when the guards caught up with her and bundled her off stage. As they did, the curtains unexpectedly dropped, with John still in mid-song. The Beatles escaped the frenzied crowd and were whisked off in a police car.

The haunting irony of the long-ago concert was not lost on those who were there. After the concert, Geoff Williams remembered, "We

---

[60]- 2020 veröffentlichte Dylan eine schmale CD zu diesem oberfaulen Attentat „Murder Most Foul".

[61]Kurze Reminiszenz in meiner Autobiographie "When I'm sixty-four, now I'm sixty-four". S.62

were all staying in the same hotel that night, the Beatles included, and that was very unusual. We all agtehred around the television and watched it together and we were all stunned into silence. It was so poignant when John Lennon got shot, because of course, we were with them when it happened to JFK."[62]

Der weltgeschichtliche Kontext bei der Veröffentlichung war natürlich bei der Fertigstellung des Albums nicht klar. Aber wir können auch dort Zeilen hören, die gerade im Kontext des Attentats auf das „World Trade Center"

Das Ziel des Anschlags kann zu denken geben. Es war nicht irgend ein „target" irgendwo, sondern ging gegen ein Wirtschaftszentrum. Dort findet die Ausbeutung statt, die Unterdrückung, die Weltherrschaft, die gerne heimlich neben der offiziellen Politik stattfindet und sich nicht gerne entlarven lässt.

In „Bye and Bye" singt Robert Zimmermann: "I'm gonna baptize you in fire so you can sin no more". Mit Feuer taufen! Nein: "In" Feuer taufen. Freilich, wer in Feuer getauft wird, kann keine Sünden mehr begehen. Er wird verbrannt. Oder ist es wie bei Achilles? Der wurde als Baby übers Feuer gehalten, um unverwundbar zu sein – lediglich an der Ferse, an der er festgehalten wurde, war er dann verletzlich – und wurde entsprechend auch getötet. Der Arme! Jetzt hatte er so viele Gegner getötet und muss dann selbst so hinterhältig ums Leben gebracht werden? Die Welt ist ungerecht! Oder auch nicht....

Aber wenn du die Bösen in Feuer taufst, dann brennst du alles Böse aus ihnen und sie werden gut. Oder sie verschmoren – aber das ist auch nicht so wild, denn sie sind ja böse. Und was Böse ist, bestimmst du. Du kannst es auch „Sünde" nennen, dann bist du moralisch auf der sicheren Seite.

Wie war das mit den Attentätern am Nine-Eleven? Sie duschten sich vorher, um sauber und rein zu sein. Sie parfümierten sich. Denn sie wollten angemessen im Paradies ankommen. Das ist keine Ironie, das ist kein Witz, das haben die Recherchen ergeben: Sie brachten Menschen um, aber vorher bereiteten sie sich noch auf das Paradies vor.

Dann flogen sie in die Türme des World Trade Center. Die Flugzeuge explodierten nd die Insassen einschließlich der Attentäter verbrannten. Wurden damit auch ihre Sünden verbrannt, wie es Dylan hier singt?

---

[62] Neatorama: The Beatles Concert on the Day JFK Was Shot

Freilich könnte Dylan hier nicht auf die Scheiterhaufen der Inquisition anspielen, sondern auf ein Wort von Johannes, dem Täufer, das in der Bibel überliefert wurde, dass nämlich Jesus höchstpersönlich mit Feuer taufen würde. Damit ist freilich das Feuer des Heiligen Geistes gemeint. Das gute an diesem Feuer ist, dass es nichts vernichtet, allenfalls reinigt, so, wie aus Steinen reines Metall gewonnen wird, wenn man das Gestein in Feuer wirft.

Gut wäre es natürlich, wenn diese „Feuertaufe" vor den Verbrechen stattfände, so dass es zu den Verbrechen gar nicht erst käme, dank des reinigenden Heiligen Geistes.

5 Die Weisheit und die Weisheiten....

Wir begleiteten Bob Dylan über viele Stationen mit vielen Stichworten. Es kristallisierte sich heraus, dass er in unglaublich selbstverständlicher Weise Weisheiten formulieren konnten. Weisheiten heißt hier: Knappe Sätze, die die Wirklichkeit auf den Punkt bringen, über die sich nachdenken lässt und die sich auf Dauer bewahrheiten, auch wenn sie zunächst einmal nicht den alltäglichen Ansichten entsprechen. Das macht seine Texte zur Weltliteratur.

Wir finden vergleichbare grundlegende Formen in der Bibel, wo etwa in der „Weisheit Salomos" oder im Buch „Jesus Sirach" entsprechende kurze Sinnsprüche oder knappe Parabeln aufgeführt werden. Die Israeliten hatten als „Hebräer" nachhaltigen Kontakt zu Ägypten. Ihr großer Mann „Mose"[63] trägt einen Hebräischen Namen.[64] Die ägyptischen „Weisheiten" sind eine literarische Gattung, auf die die biblischen „Weisheiten" formal und teils auch inhaltich zurück greifen. Weisheiten sind in der Regel nicht auf eine bestimmte Religion fixiert und oft genug übertragbar. Das macht sie gerade zu Weisheiten, weil sie allgemeine Wahrheiten verkünden.

In besonderer Weise, und das zeichnet den Poeten im Kontrast zum Propheten aus, gelingt ihm das in den individuellen Lebenssituationen, etwa im Kontext von Beziehungen zwischen Mann und Frau, aber auch im allgemeinen zwischenmenschlichen Miteinander.

---

[63]Sehr interessant, obwohl alt: Sigmund Freud: „Der Mann Mose und die monotheistische Religion"

[64]Ra-mses etwa ist „der aus der Sonne gezogene", Mses ist einer, der auch herausgezogen wurde, aber dieser Namrnsteil fehlt. Es könnte der Nil sein. Eine entsprechende ätiologische Sage wird tradiert: Mose im Körbchen auf dem Nil, der von der Tochter des Pharaoh herausgefischt wird.

Nehmen wir noch einmal Bezug auf „I was so much older then, I'm younger than that now" aus „My Back Pages". Er schrieb das als einer, den ich aus meiner heutigen Sicht als „jung" bezeichnen würde, und zwar nicht ohne Neid als „verdammt jung". Für mich ist dies einer der stärksten Sätze. Ich beginne aber bei seiner Schwäche.

Bei meiner Arbeit mit Jugendlichen - seit über vierzig Jahren mache ich etwa Konfirmandenarbeit und schreibe dies auch nachts bei einer Konfirmandenfreizeit – durfte ich erleben, was viele erleben: Jugendliche halten sich fast schon arrogant den Erwachsenen überlegen, weil sie es klarer sehen. Ihnen wird der Blick nicht durch Erfahrungen verstellt, getrübt. Jugendliche spüren Klarheit und das „Echte". Darin steckt eine Wahrheit, aber wenn dies zur Arroganz führt, ist das „Echte", die jungfräuliche Erkenntnis bereits vergiftet. Es muss die jugendliche Unbefangenheit sein, die der Erkenntnis Kraft gibt. Dabei kann gerade die Arroganz ein Teil der Unbefangenheit sein, weil man aufgrund der Frische der Einsichten sie für neu hält und glaubt, besonders gut durchzublicken.

Dazu kommt eine immer wieder auch gefährdete Stärke: Die Jugendlichen sind bei ihren Erkenntnissen oft getragen von Idealismus, der noch nicht geschwächt ist durch umfangreiches Wissen über alles Scheitern von menschlichen Bemühungen. Winston Churchill prägte die Formulierung: „Wer mit 20 Jahren kein Kommunist ist, hat kein Herz. Wer mit 30 Jahren noch Kommunist ist, hat keinen Verstand." Es ist nachvollziehbar, wenn Churchill auch den zweiten Teil sagte, denn er kannte die Entwicklungen des realen Kommunismus und die führten in brutale Diktaturen, speziell in den UdSSR. Dabei griff Churchill auf G.B.Shaw zurück: „Were mit 20 Revolutionär war, hat kein Herz. Wer mit 40 immer noch ein Revolutionär ist, hat keinen Verstand"

Diese plakative Formulierung muss erweitert werden. Es macht keinen Sinn, das Herz durch den Verstand zu ersetzen. Herz und Verstand müssen sich ergänzen, Ein Verstand, der keine Erinnerung hat an das, was er für großartig hielt, ist nicht wirklich ein Verstand. Du musst erkennen, dass die Reife, die du als Jugendlicher hast, nicht verloren gehen darf, sonst bist du verlogen. „I was so much older then, I'm younger than that now." Wenn du auf dem Erkenntnisstand eines Jugendlichen stehen bleibst, verdummst du. Du musst also schauen, wie du die jugendlichen „reinen" Erkenntnisse transformierst in dein erwachsenes Leben, zu dem auch enttäuschende Erfahrenen gehören.

Dylans Weisheiten müssen sich bewähren – und oft genug tun sie dies auch. Aber sie dürfen nicht einfach geschluckt werden – das passt auch nicht zu dem Konzept des Dichters, der sich nicht überhöhen möchte als unfehlbar. Im Gegenteil: Dylan arbeitet oft genug Gegensätzlichkeiten in der Wirklichkeit heraus. Er betont den „different point of view"[65]. Das erinnert an die Geschichte von einem jüdischen Rabbi, den zwei Streitende um Schlichtung bitten. Er lässt sich von dem einen seine Sicht der Dinge schildern und sagt: „Du hast Recht." Dann hört er sich den anderen an und sagt: „Du hast Recht." Da begehren die beiden auf: „Du kannst doch nicht uns beiden sagen, dass wir Recht haben." Und der Rabbi meint: „Da habt ihr auch Recht." Das ist eine Geschichte, in die man sich hineinfühlen muss, um ihre Wahrheit zu spüren, die Weisheit, die sie transportiert.

Oder Dylan singt: „You're right from your side, but I am right from mine..."[66]

6 On Stage

Dylan on Stage. Offenbarung oder kalte Dusche? Wer ihn im Alter live erlebte, sollte gut vorbereitet sein. Ich erinnere mich etwa an ein Konzert in der sterilen Nürnberger „Arena"[67], eigentlich eine Eishokey-Halle. Als Vorgruppe fungierte Mark Knopfler mit einer Band. Auf Dylans Platten war er eine Bereicherung, hier klag er nur steril. Was würde da der Meister bringen? Der lebte auf der Bühne vor sich hin wie auf einer einsamen Insel, wo er mit ein paar gut instruierten Begleitmusikern, die zufällig dieselben weißen Hüte trugen wie er, vor sich hin musizierte. Zum Singen schien sich seine Stimme nicht mehr zu eignen. Aber zum Schlussstück durften wir noch nach vorne strömen und wenigstens einen kleinen Blick auf die Ikone werfen.

Später bekam er den Literaturnobelpreis für seine Texte. Doch wer sie nicht auswendig kennt, kann sie kaum verstehen. Gut, dass für solche Lieder wie Highway 61 Versionen existieren, die auch musikalisch mitreißen können. Wo er sich an diesen orientierte, lohnte sich das Konzert. Ansonsten merkte ich mir vor allem, dass Dylan seine Texte rhythmisch bringt, und das ist eine Kunst, die dann auch mal den Nobelpreis bringen kann.

Vier Jahre später trat er in einer anderen sterilen Eis-Arena im Bamberg auf. Diesmal interpretierte er Sinatra. Da hätte ich auch die „Königin der Nacht" vortragen können – das verdient kein Publikum. War es „Blowin in the Wind", das er am Schluss anstimmte? Seine jazzige Pianoversion war zwar eindeutig keine Imitation des Originals, aber

---

[65] „tangled up in blue"
[66] „One too many mornings"
[67] 7.11.2011

auch nicht notwendig. Als wir das Gebäude verließen, hatte sich davor ein Gitarrist positioniert, der die alten Songs aus den frühen 60ern uneigenwillig vortrug. Manche blieben stehen und kommentierten dann übereinstimmend: „So geht das eigentlich!"

Dylan in Bamberg 2015 – Die große Ikone kaum zu sehen auf der fernen Bühne.

Aus einem Leserbrief nach Dylan in Nürnberg 2011 anlässlich der Konzertkritik:

6.1.1   War ich in einem anderen Konzert?

Zu Bob Dylan in Nürnberg 2011

Erstaunlich, wie viele negative Stimmen über Bob Dylans Auftritt laut wurden. Bob Dylan war in Nürnberg ein überzeugender Künstler, wenn man einem Künstler zugesteht, sich nicht an die Erwartungen den Publikums zu halten, sondern sich und sein Werk zu präsentieren und interpretieren. Wenn man etwas anderes will, muss man zu Mark Knopfler, Howard Carpendale oder Hansi Hinterseer gehen. Dylan hat seine Lieder genial vorgetragen - aber wie ein Dichter, nicht wie ein Schlagersänger. Er demonstrierte, dass Sprache Rhythmus hat - das tat er präzise. Es war nicht einmal affektiert wie in etlichen Schaffensperioden, sondern pointiert. Er hätte den Literaturnobelpreis durch die Präsentation verdient gehabt, weil er Sprache gestaltet, aber man hätte ihn bestimmt nicht auf den European Song Contest geschickt, weil er keine gefällige Darbietung brachte. Wer Dylan anders will, muss sich halt die Byrds oder die Hollies reinziehen.

7 Nachwort

Eigentlich sollte dies meine Doktorarbeit werden. 1979 sprach ich den international renommierten Tübinger Theologieprofessor Jürgen Moltmann („Theologie der Hoffnung") darauf an. Er fand die Idee gut und wir einigten uns, dass ich ihm einen Entwurf geben sollte. Doch der Entwurf ließ mich ins Wanken kommen und so versandete die Idee. Das war vielleicht ganz gut so, denn Jürgen Moltmann[68] erwartete von seinen Doktoranden viel Eigenständigkeit und ich suchte eigentlich eine kommunikative Begleitung. Dafür konnte ich Dylan mehr Entfaltungsmöglichkeiten[69] geben und schaue jetzt eben am Ende seines Lebensweges zurück auf die Weisheit, die sich hier angesammelt hat.

Immer wieder, wenn ich einzelne Zeilen sang, dachte ich mir: Darüber müsste man doch mal was schreiben... Vielleicht hat auch jemand oder gar mehrere etwas darüber geschrieben. Aber es ging am mir vorüber.

So gönne ich mir über 40 Jahre später (eine biblische Zeitspanne), ein kleines Büchlein darüber zu schreiben, habe ihn live erlebt und präsentierte ich seine Songs bei diversen Auftritten, nicht zuletzt anlässlich seines 70. Geburtstags mit meinem 13-jährigen Sohn Martin als Generationengast.. oder mit Norbert Fleischmann bei den Schwabacher Kulturhäppchen.

---

[68]Seine Theologie der Hoffnung erschien 1964
[69]Meine Doktorarbeit schrieb ich dann bei Prof. Dr. Richard Riess in Bereich Seelsorge mit dem Thema „Herrgott". Drunter wollte ich es nicht machen.

Robert Zimmermann als Zimmermann auf der Walz

8 Anhang: „Freedom's just another word for nothing left to loose"

1975, als Dylan „Blood on the Tracks" veröffentlichte, schrieb ich meine Abituraufgaben. In Deutsch war es ein Gedichtvergleich und ich finde ihn im Nachhinein ein interessantes Zeitzeugnis, einschließlich aller Unreife des die Allgemeine Hochschulreife anstrebenden Verfassers. Ich konnte meinen Abituraufsatz später abschreiben und habe ihn hier dokumentiert.

„Auf offener See" – „Die Seefahrer"
Gedichtvergleich Deutsch-Abitur 12.5.1975

Joseph Freiherr von Eichendorff:
Auf offener See
Ade, du Küste mit den falschen Sorgen,
Furcht, Glück und Not, sinkt unter in das Meer:
Nun bin ich frei, jetzt bin ich erst geborgen,
Kein eitles Hoffen langet bis hierher.
Wie still, wohin ich auch die Blicke wende,

Wie weit und hoch und ringsum ohne Ende!
Gestirne, Wolken gehen auf und unter
Und spiegeln sich im stillen Ozean,
Hoch Himmel über mir und Himmel drunter
Inmitten wie so klein mein schwacher Kahn!
Walt Gott, ihm hab' ich alles übergeben,
Nun komm nur, Sturm, ich fürcht' nicht Tod noch Leben.

Georg Heym:
Die Seefahrer
Die Stirnen der Länder, rot und edel wie Kronen
Sahen wir schwinden dahin im versinkenden Tag
Und die rauschenden Kränze der Wälder thronen
Unter des Feuers dröhnendem Flügelschlag.

Die zerflackenden Bäume mit Trauer zu schwärzen,
Brauste ein Sturm. Sie verbrannten, wie Blut,
Untergehend, schon fern. Wie über sterbenden Herzen
Einmal noch hebt sich der Liebe verlodernde Glut.

Aber wir trieben dahin, hinaus in den Abend der Meere,
Unsere Hände brannten wie Kerzen an.
Und wir sahen die Adern darin, und das schwere
Blut vor der Sonne, das dumpf in den Fingern zerrann.

Nacht begann. Einer weinte im Dunkel. Wir schwammen
Trostlos mit schrägem Segel ins Weite hinaus.
Aber wir standen am Borde im Schweigen beisammen
In das Finstre zu starren. Und das Licht ging uns aus.

Eine Wolke nur stand in den Weiten noch lange,
Ehe die Nacht begann, in dem ewigen Raum
Purpurn schwebend im All, wie mit schönem Gesange
Über den klingenden Gründen der Seele ein Traum.

„Auf offener See" „Die Seefahrer". Zwei Gedichte zu einem ähnlichen Thema, zwei Gedichte mit ähnlicher metaphorischer Technik,
zwei Gedichte mit konventionellen Reimschemen, zwei Gedichte mit
völlig konträrer Aussage.

Eine kühne Behauptung habe ich an den Anfang gestellt, am Ende wird sie beweisen sein.

Da er zeitlich der ältere ist, behandle ich Joseph von Eichendorff als ersten.

„Auf offener See" besteht aus zwei Strophen zu je sechs Versen mit dem Reimschema ababcc. Bei a und c ist jeweils die vorletzte Silbe betont, bei b die letzte. Mit Ausnahme des zweiten Satzes sind alle anderen Ausrufesätze. Der Stil ist nominal im fünfhebigen Jambusrhythmus.

Eichendorff beginnt mit einem Abschiedswort: „Ade!" Es ist an die Küste gerichtet. Es ist der Abschied von der Küste mit den „falschen Sorgen, mit Furcht, Glück und Not". Wenn man aufs Meer fährt und zurückblickt, sieht man das Land versinken, ebenso geht es Eichendorff mit Furcht, Glück und Not, die er in die Metapher „Küste" injiziert. Eben von diesen Sorgen befreit, fühlt er sich in der Weite geborgen. Es mag das Gefühl der Geborgenheit in der mütterlichen Fruchtblase sein, das hier auftaucht. Jetzt und hier, wo die Sorgen dieser Welt nichtig sind, und nichts Materielles mehr zu holen ist, fühlt er sich auch nicht mehr dem eitlen Hoffen, der dieseitsbezogenen, gottlosen Welt ausgesetzt, sondern darf die Stille – darin liegt wohl auch die Geborgenheit – genießen und die Unendlichkeit, zwei Gefühle, di die Dichter Romantik auch suchten, als sie sich auf den Weg machten, die „Blaue Blume" zu finden.

In seinem kleinen Kahn ist er wie eine „Träne im Ozean". Aber gewissermaßen fühlt er sich trotzdem als im Zentrum seiend. Die Sterne und Wolken wandern um ihn, er sieht sie kommen und gehen, ihre Spiegelbilder, Abbilder im stillen Ocean. Der Himmel ist über ihm, ebenso aber auch, als Spiegelbild, unter ihm, also ist er ganz um ihn. Und so fühlt er seine Winzigkeit, wird sich seines Menschseins bewußt und begibt sich, angesichts seiner Gebrechlichkeit und Schwachheit, in Gottes Hand. Da er sich diesem übergeben hat, braucht er nichts mehr zu fürchten. Er darf dem Sturm zurufen, nur zu kommen, denn der Herr über Leben und Tod hat seinen Tod schon besiegt und hält das ewige Leben führ bereit. Er trägt sowieso schon sein Leben lang seinen Tod in sich, braucht aber auch sein Leben nicht mehr zu fürchten, denn es ist in Gottes Hand.

Meine Interpretation will ich an einen Teilsatz anknüpfen: „Nun bin ich frei,..."

Eine neuere Version dieses Satzes, die von dem Satz allerdings total unabhängig entstand, steckt in einem Lied meiner Generation, das von Traperleben, Liebe und Freiheit handelt (Janis Joplin, „Me and Bobby

McGee"). Im Refrain ist folgender Satz zu finden „Freedom's just another word for nothing left to lose" (Freiheit ist nur ein anderes Wort für nichts mehr zum Verlieren zu haben, an nichts mehr gebunden zu sein).

Ebenso gibt es in der Bibel Stellen, an denen Christus ausdrücklich auffordert, alles Weltliche hinter sich zu lassen. Ich glaube, hinter allen drei Versionen steckt die gleiche Grunderfahrung, daß Freiheit zugleich Freiheit von Besitztümern sein muß.

Eichendorff hat eben diese Erfahrung bereits in jungen Jahren gemacht. Er verlor seine Heimat (das Schloß, in dem er aufwuchs, mußte verkauft werden) und kehrte auch nie mehr zurück.

Wie kommt nun dieser Mensch, der seine Geborgenheit verlor, dazu, zu behaupten, daß erst die Loslösung von dieser Geborgenheit (von der Küste) Geborgenheit bringen könne? Wie das Gedicht sagt, ist die Küste, die weltliche Geborgenheit, beladen mit falschen Sorgen, mit Furcht, Glück und Not. Das macht sie zur Nichtgeborgenheit. Und in seiner geborgenen Welt, in der er ja keine materiellen Sorgen zu haben brauchte (auch wenn die Mutter recht sparsam war), fehlte ihm die Grundlage zum erfüllten Leben: Der Kampf mit dem Leben.

„Nun komm nur, Sturm, ..." Goethe drückt das so aus:
„Das ist der Weisheit höchster Schluß:
Nur der verdient sich Freiheit wie das Leben,
Der täglich sie erobern muß."

Eichendorff will sich aber auch noch anders frei und geborgen wissen. Dazu müssen wir erst vorher feststellen, daß es praktisch unmöglich ist, in dieser Welt tatsächlich gleichzeitig frei und geborgen zu sein. Denn Geborgenheit ist immer Abhängigkeit von jemand oder etwas, der oder das einen birgt. Und Freiheit beinhaltet ja, im absoluten Sinne betrachtet, Unabhängigkeit als Mi5tgrundbedingung. Nach christlicher Lehre jedoch, und Eichendorff war überzeugter Christ, ist man, wenn man Gott gehört, frei und geborgen zugleich. Ich will die christliche Lehre in diesem Punkt nicht erklären, aber wir müssen das bei Eichendorff als Ergebnis seiner Reflexionen über Gott akzeptieren. Aus dieser Gläubigkeit läßt sich auch die Fatalität des Schlusses erklären, wobei ich jedoch bemerken muß, daß hier „fatum" eigentlich durch „dominus" ersetzt werden sollt, das Wort „Dominität" in diesem Sinne aber nicht existiert.

Eichendorff sagt also dem sicheren Leben auf der Küste, an Land, ade, sticht in See und setzt sich dem Unbill des Meeres aus. Warum? Weil er Gott vertraut. Die für einen Christen typische Grundhaltung: Er fürchtet weder Leben noch Tod.

Da alte paulinische Problem: Soll ich leben oder sterben, durch leben Gott dienen und seiner Gemeinde helfen, durch sterben bei Gott sein, wird hier so gelöst, daß Eichendorff sagt: „Walt' Gott." Eichendorff macht aus dem Zwiespalt Freiheit. Er braucht sich nicht mehr zu binden, weder an Tod noch an Leben, denn er hat sich übergeben (nicht im Sinne von körperlich negativ auf Seebewegung zu reagieren) und weiß: Beides ist mit Gott gut.

„Die Seefahrer" betitelt Georg Heym sein Gedicht, das er in fünf Strophen zu je vier Versen unterteilt. Als Reimschema wählte er a b a b, wobei bei a die vorletzte, bei b die letzte Silbe betont ist. Der Rhythmus ist nicht durchgehalten, sondern oftmals gebrochen, auch ist weder ein nominaler noch ein verbaler Stil zu erkennen. Wie auch bei Eichendorff beginnt jeder Vers mit einem Großbuchstaben. Die erste und die fünfte Strophe sind je ein Satz. Die dritte besteht aus zwei, die zweite aus drei, und die vierte aus fünf Sätzen.

„Die Stirnen der Länder, rot und edel wie Kronen" sind die Küsten, von der untergehenden Sonne bestrahlt. „Sie schwinden dahin im versinkenden Tag." Sowohl die Sonne geht unter wie auch die Länder, die entweder am Horizont untertauchen oder von der Dunkelheit verschluckt werden. „Die rauschenden Kränze der Wälder thronen unter des Feuers..." Normalerweise thront man über. Hier jedoch läßt sich das Bild wohl kaum umdrehen, aber durch das „Thronen" wird die Monumentalität der beleuchteten, feurigen Wälder ausgedrückt. „...dröhnendem Flügelschlag". Die Sonne umfängt ihn derart, daß er sich wie unter einer Glocke fühlt, die gerade geschlagen hat. Ein Ausdruck für den ewigen Hall der Sphären. Mit mächtigen Schwingen wie ein Adler, königlich, gewaltig, geht die Sonne unter. Ein optischer Effekt steckt in den „zerflackenden Bäumen". Der Sturm bewegt die Zweige, die dann Schatten werden, und unter Mitwirkung des roten Sonnenscheins wie Feuer wirken. Aber sie tragen das Ende schon in sich: Der Tag vergeht, die Nacht kommt, und Trauer werden die Bäume tragen. Auch der „Brausende Sturm" erinnert an das Ende, wie die Sonne die Bäume verbrennt. „Wie Blut" meint waidwund, dem Tode geweiht, versinken sie im Meer und die entleuchtende Sonne zieht schattenhafte Schleier über die fernen Länder. Sterbende Herzen erleben noch einmal die Sucht nach dem Leben, schreien noch einmal nach Liebe, bevor sie sterben. Die letzten Strahlen der Sonne leuchten noch einmal auf. Die Liebe ist die letzte Regung zum Leben hin. Sie bäumt sich gegen den Tod auf, verlodert aber. Sie treiben also auf dem Meer dahin, in den Abend der Meere. Es ist schwer festzustellen, ob die da treiben, es sind ja doch wohl die Sterbenden, in die untergehende Sonne segeln oder weg von ihr. Wo geht die Sonne unter. Hier muß die Interpretation schweigen, denn jetzt beginnt die Spekulation.

Von der Sonne bestrahlt brennen die Hände wie Kerzen, aber in der Nacht nützen ihnen diese Kerzen nichts, denn die brauchen den Tag. Die Adern sind das Flußbett des Lebens, das Blut die Adern, durch die Sonne erwärmt. Dieser „ganz besondre Saft" (Goethe: Mephisto), der das Leb en verkörpert, zerrinnt dumpf, gefühllos in die Finger. Man kann nicht mehr sehen, wo das Leben hinführt, die Adern sind in den Fingern schlecht zu beobachten. Ganz anders dagegen das Brausen und Dröhnen der erwachenden Welt.

Nun begann also die Nacht. Und Heym schreibt von einem, der weint. Dieser Satz enthält sehr viel Gefühl, das hineinzudenken dem Leser überlassen bleibt. Es ist ein prosaischer Satz, in dem alles Mögliche steckt: verlorene Liebe zum Beispiel, Angst, Trauer, Rührung, Selbstmitleid, einfach Nachtsentimentalität oder Erkenntnis. Vielleicht die Erkenntnis, die Heym hatte: Wir treiben trostlos dahin, weil wir ohne Ziel ins Weite schwimmen, und nicht einmal etwas sehen können, sondern trotz aller Augen, die eben noch das Phantastische wahrnahmen, wie Blinde in die Dunkelheit starren. Das schräge Segel ist bereit, Wind aufzunehmen, aber es fährt nicht mit Volldampf voraus einem Ziel zu. Denn diese Dunkelheit vermittelt das Gefühl, im Nichts zu sein, ohne Ziel und Ende.

„Und das Licht ging uns aus":

Mit diesem Satz beginnt die Einfühlung des Dichters in das Unbegreifliche. Mit diesem Wort beginnt der metaphysische Teil.

Banal übersetzt heißt „das Licht ging uns aus": die letzte Verbindung zum Land wie zum Tag reißt ab. Wir sind in endloser, unbegreifbarer Finsternis und haben alles Irdische hinter uns gelassen. Man kann als Teilinterpretation aus diesem magischen (Das ist seine Hauptbedeutung!) Satz lesen: Augenblick des Kusses der Muse, der Erhabenheit wie beispielsweise im Buddhismus oder des Todes.

„Eine Wolke…": Hier ist eine zeitliche Überschneidung festzustellen. Die Wolke stand noch lange, ehe die Nacht begann. Heym konnte die Wolke aber vorher nicht anbringen, da sie die Überleitung, die Brücke zur erfühlten Unendlichkeit werden sollte. Sie bietet diese Einfühlungsmöglichkeit in die Unendlichkeit des Raumes, da es nur eine ist, und eben diese als Bezugspunkt fungieren kann, der die übrigen Dimensionen erkennen läßt.

Hiermit beginnt der absolut metaphysische Teil des Gedichts. Im „ewigen Raum" vereinigen sich die beiden Dimensionen Zeit und Raum zu einer unerklärlichen Einheit. Das Wort „ewig" ist hier typisch für deutsche Dichtung als magisches Wort gebraucht. Es drückt das Gefühl des göttlichen Funkens aus.

„Ewiger Raum", „Purpur", „schöner Gesang", „klingende Gründe", „Traum" sind die in Sphärenmusik „schwebenden" „gläsernen Särge" suicidaler Romantiker. Sie sind die Harfenklänge für gefühlsüberladene, labile Menschen. Dieses Gedicht hätte eine Warnung an die Freunde und Leser Georg Heyms sein müssen, daß er dem romantischen Todesgefühl (Todessehnsucht) erliegen und Selbstmord verüben könnte. Es ist das gleiche Gefühl, das bei vielen jungen Leuten heute geweckt wird, wenn sie Titelbilder für Science-fiction-Romane sehen, oder „Space-music" hören, und kann ein Grundgefühl sein, wenn man auf einer LSD-Reise die untergehende Sonne betrachtet.

Dies sind also die beiden Gedichte, von denen ich beweisen wollte, daß sie völlig konträre Aussagen machen.

Eichendorff hat sich als ein religiöser Mensch gezeigt, der sein Leben in Gottes Hand gegeben hat und für den Tod und Leben gleich unbedeutend sind angesichts des ewigen Lebens. Er hat eine positive Einstellung zum Tod, weil er für ihn der Übergang zum religiös positiven Ewigen Leben ist. Heym hingegen hat ebenfalls eine positive Einstellung zum Tod. Aber deshalb, weil er eine negative Einstellung zum Leben hat und den Tod als etwas traumhaftes Schönes betrachtet. In seinem kühlen, purpurnen Todeskleid ist er von Ruhe und Musik umgeben. Bei Heym ist es Lebensangst, die ihn zur Todesbejahung treibt, bei Eichendorff Lebensbejahung, die ihn zur Erkenntnis gebracht hat, Tod und Leben gleichermaßen zu akzeptieren und als sekundär zu betrachten. Bei Eichendorff ist es innere Reife, bei Heym innerer Überschwang, die sie zu diesen Gedichten veranlaßten.

In beiden Gedichten jedoch kommt das zum Durchbruch, was Dichter zu Dichtern macht. Ich möchte es unvollkommen als göttlichen Funken betrachten und mit einem Gedicht von Eichendorff schließen:

„Schläft ein Lied in allen Dingen,
Die da träumen fort und fort.
Und die Welt hebt an zu singen,
Triffst Du nur das Zauberwort.